毛振明
论|学|校|体|育

毛振明◎著

MAO ZHENMING ON
SCHOOL PHYSICAL EDUCATION

北京师范大学出版集团
BEIJING NORMAL UNIVERSITY PUBLISHING GROUP
北京师范大学出版社

U0646270

图书在版编目（CIP）数据

毛振明论学校体育／毛振明著．-- 北京：北京师范大学出版社，
2021.4（2025.3 重印）

　　ISBN 978-7-303-23314-4

　　Ⅰ.① 毛 …　　Ⅱ.① 毛 …　　Ⅲ.①体育教学—教学研究—文集
Ⅳ.① G807.01-53

中国版本图书馆 CIP 数据核字（2021）第 065680 号

MAOZHENMING LUN XUEXIAO TIYU

出版发行：北京师范大学出版社　https://www.bnupg.com
　　　　　北京市西城区新街口外大街 12-3 号
　　　　　邮政编码：100088

印　　刷：北京虎彩文化传播有限公司
经　　销：全国新华书店
开　　本：730 mm×980 mm　1/16
印　　张：11.25
字　　数：130千字
版　　次：2021年4月第1版
印　　次：2025年3月第3次印刷
定　　价：36.00元

策划编辑：林　子　　　　　　　　　责任编辑：林　子
美术编辑：焦　丽　　　　　　　　　装帧设计：焦　丽
责任校对：康　悦　　　　　　　　　责任印制：赵　龙

版权所有 侵权必究

读者服务电话：010-58806806
如发现印装质量问题，影响阅读，请联系印制管理部：010-58800608

写在前面的话

今天，2016 年的 12 月 31 日，明天就是 2017 年，2017 年我就 60 岁了。记得小的时候就曾躺在床上，望着月亮，算过自己 60 岁时是哪一年，"噢，是 2017 年，好遥远啊！"没想到弹指一挥间，到了。

现在，就装模作样地总结人生好像还早点儿，但却早已同所有这个年龄的人一样，闲下来的时候，遇到故人的时候，面对年轻人的时候，体会幸福的时候，就会回忆人生、品味人生和反省人生，回忆已成为自己的抚慰剂、加油站了。

回忆人生，真是回忆都回忆不过来，每当回到北京体育大学（后文简称"北体大"），路过清华大学附属中学（后文简称"清华附中"），偶去北安河，走进清华，经过海淀，遥望圆明园，出差大连，访问日本，去教育部开会，去天津讲学，看北师大科技楼，经过塔三，经过回龙观，经过潘家园，这一处处地址，一幅幅画面，一张张面孔，一句句话语，一声声旋律，都承载着无限的回味和悄然的感动，它们都是我美好的回忆，都是我人生的财富。不知将来能不能有时间写一本自传，不为别人的阅览，只为自我的感动。

品味人生，我的这个人生，不乏成功、不少失败，不乏拼搏、不少懒散，不乏付出、不少索取，不乏高峰、不少低谷，遇过善人、贤人，也见过俗人，遇过小人。说到人生成功，也算成功了。

论学习，还不错。中小学就不敢说了，因 1966—1976 年特殊时期"武功全废"，1979 年恶补文化课，高考时在北京文科排第 300 名，比北大最低录取线高不了多少，上北体大却是个不破的高考分纪录；考研挺争气，勇夺第一，比第二名高出了 100 多分；26 岁去大连外国语学院学日语成为自己一生中最失败的学习经历；西日本的第一个中国体育博士，回国的第三个体育博士。一共上了 22 年学，学成没学成不好说，没学傻算是个万幸。

论做官，官不大。当过教育部的处长，大学研究生部主任、学院院长；论待遇，组织部替你管着因公因私的所有护照；论权力，一年要在无数的票据上，哪怕是 5 毛钱的单据上签名，否则无法报销……

论职称，一路顺。从没当过助教，33 岁在日本直接当了讲师，39 岁当了副教授，40 岁破格当了教授，50 岁评上了二级教授，就此打住，再无进步。上比院士差得很远，但想想没评上教授就退休的同事们，依然满足和感恩。

论学问，真不大。虽然"被"当了好多的学科带头人和首席专家，发表论文 350 多篇，著书 60 多部，编写教材 70 多部，但体育本来就不是啥大学问，学校体育可能连科学都算不上，更何况论文、著作的质量有多高、垃圾有多少，要由别人来说、后人来说，但自己问心无愧的是，所写的文章都是基于"真问题"，写的都是"真话"。非要我评价自己的学问的话，那应该是：虽学得不深但想得很深，虽写得很浅但问得很真。

论荣誉，一大堆。国务院津贴、国家级教学名师、国家级教学成果奖获得者、国家级教学团队带头人、国家级精品课程主持人、国家基础教育课程专家工作委员会执委、国家社科基金学科专家，等等，"国字头"的事也掺和了不少，"国字头"也挂了不少，想想国家给我的荣誉，很得意；想想我为国家做的贡献，很惭愧。

论人品，不负人。人品的事，很复杂，也很简单，人品不是看别人怎么说你，也不是领导说你好还是不好，更不是看你官做得多大、多长，也不看你一生获得了多少奖，身上有多少头衔、多少光环。人品是看你70大寿、80大寿时有多少人惦记着为你点上蜡烛，是看你垂垂老矣躺在病床上时有多少人围在你的床边，因为此时没有任何的功利，只有真情。这些事，60岁的我还无法判断，但这辈子在"宁愿别人负我，我不负任何人"方面做得挺好，窝囊点，但心里舒坦，人在做，天在看嘛！

这辈子，为国，贡献不大；为家，挣钱不多；光宗，有毛主席在，我们太渺小；耀祖，祖爷爷四品御医，我就算了吧！所以，在我这里就自我知足吧！但这辈子干了一件之前怎么也没有"理想"到的，今天却觉得真的很有价值的事业：学校体育的研究。这件事往大了说，反映的是国家硬实力和软实力，关系到国家的安宁和人民的幸福；往小了说，它就是孩子们的一块块肌肉和一根根骨头，就是孩子们的一笑一颦和一滴滴汗水，但它却成为了我的一辈子的酸甜苦辣，成为了我一生的追求和不舍。

这本书，是自己的一堆杂文，都是有关学校体育的，不登大雅，毫无章法，甚至连个逻辑的分类和清晰的顺序都没有，但它却真实地记录了我与学校体育事业的一生情缘，点点滴滴地记录了我的感悟、我的情怀、我的苦思、我的遐想、我的朋友、我的先辈、我的战友、我的历程、我的回忆。在此，我把它们汇集成一本小书，作为自己的回忆，作为学者的总结，作为老师的交待，作为一个明天就将 60 岁人的接力棒，奉献给大家。

希望与您一起分享一个耳顺之年之人的历程与回忆。

北京师范大学　毛振明

2016 年 12 月 31 日于黄山途居露营地

目 录

她引导我走向那片田野

一间昏暗的铺满榻榻米的斗室，两只偌大的皮箱，还有一袋刚从超级市场买来的面包，组成了我开始留学新生活的全部条件。现代化的交通工具迅速地把人的躯体带到一个新的空间，而把人的情感却留在另一个空间。此时此刻的我，人已经来到了日本，可心仍留在祖国，有一种不可言喻的空虚和不安。天越发昏暗下来，这种空虚和不安渐渐变成了悲伤。我开始急不可待地翻看皮箱，想找一个能使我摆脱这种坏感觉的东西。突然眼前一亮，我翻到了两本从国内带来的《中国学校体育》杂志，真怪，这两本薄薄的杂志竟一下子抚平了我感情的波澜，我从无名的悲伤中平静了下来，思绪随那哗啦哗啦的翻页声慢慢打开。

几年前深秋的一天，《中国学校体育》的编辑老师对我说："小毛，请帮我们设计个封面吧。"喜爱美术的我，自然为能有用武之地而乐不可支。回到家提笔就画，但脑子里总也显现不出令自己满意的构图，这才知道自己对学校体育一无所知。于是我拿起作为设计参考的《中国学校体育》来看，想从中获得一点灵感。没有想到，看着看着，那书中的内容竟深深地打动了我。体育教师那神圣的职责和辛勤的劳动，教学训练的复杂和艰苦，教材的选择与教法的运用，师生关系的处理，场地器材的改善，这一切在我眼前构成了一幅庞大而壮观的图案，一个复杂而细腻的系统工程，一个智慧战胜愚昧、刚健战胜赢弱的战场，一块充满着希望与亟待开垦的处女地，一条通向人类新世纪的大道。

我的思路一下子被拓宽了。我终于设计出了一张封面，主画面上画着一个朝气蓬勃的少女，那是我对新中国学校体育的歌颂，背景上那以教学、训练、群体、科研、保健组成的画面，则是我当时对学校体育的初步认识。这张汇聚了我纯真的情感并很幼稚的构图，有幸成了《中国学校体育》1982年第1～3期的封面，也引领我情不自禁地踏上了学校体育这片土地。两年后我报考体育理论研究生，专业就是学校体育。现在我又到这东瀛扶桑来留学，专攻的还是学校体育。偶然和必然就是如此相伴相依主宰着世界。偶然的机会使我与《中国学校体育》交上了朋友，而她那丰富的内涵又必然地把我引上了为学校体育事业献身的道路。

当思绪再次回到昏暗的小屋时，我已不再那样悲伤。我感到一种振奋，我开始在想，如何在这远离故土的地方，为祖国的学校体育，为她——《中国学校体育》做些什么，而且还在想如何通过《中国学校体育》，把我国的学校体育成就向国际友人、向世界介绍。

就在那以后七年的留学生涯里，《中国学校体育》成了我最好的伙伴。编辑部的老师们每期都按时给我寄来杂志。每当我看到信箱里有一包不薄不厚的印刷品时，我都会激动不已。因为那里面可能又登载了我寄回国的文章，或者有我手头研究中不可缺少的资料。从那里我既可以了解到我国学校体育发展的情况，还可以获得熟悉的老师与同学的最新信息，那不厚的杂志总给我带来一股力量、一片温暖，在我心中搭起一座通向祖国的桥。周围的日本朋友和留学生都羡慕我，我也感到无比自豪。

我还持有一个《中国学校体育》杂志社颁发的记者证。那绿色烫着金字的证件，是我常向别人炫耀的，也很享受人们投来的惊异羡慕的目光。那享受有时还不单单停留在精神层面上，一次我还用它进入了正在日本进行的中日女排决赛场地，堂而皇之，无人阻挡（这有"滥用"之嫌，请一笑忘之）。

在国外，我通过《中国学校体育》结识了不少外国友人，更有许多外国朋友通过《中国学校体育》了解了我的祖国。记得我在《中国学校体育》上发表第一篇文章时，同教研室的先生和同学曾那样热烈和认真地讨论过，也曾记得我的一位日本指导教师在访问了《中国学校体育》编辑部后曾这样说过："我过去不了解中国，现在我喜欢上了她。我后半生的目标和研究课题有了——就是促进中日体育教育的交流和发展。"

在海外的留学生活就要结束了，我书架上已有了厚厚的一大沓《中国学校体育》。我在其中发表的文章也有十几篇了。看看自己的博士论文"参考文献"那一栏中，写着一大串《中国学校体育》的字样，抚摸着我那个已经用旧的记者证，我的心早已飞向祖国，飞向中国的学校体育，飞向《中国学校体育》为我指向的那一片希望的田野。

《中国学校体育》，你今年十岁了，用句日本话来说，这十岁是多多承蒙关照了，我深深地感谢你，相信学校体育的同仁和关心祖国学校体育事业的海外赤子，也在深深地感谢你。我们祝福你，祝福你更矫健，祝福你引导更多像我一样的青年去开拓学校体育这片年青和充满着希望的田野。

原载于《中国学校体育》，1991 年第 5 期

枫叶红时访东瀛

——中国代表团赴日参加中日 学校体育研讨会纪实随笔

　　飞机从上海起飞两个小时后，舷窗下面出现了日本的江河山川。随后映入眼帘的是繁华的大都市——名古屋，那被红黄色尽染的山峦告诉我们，这个美丽的国家正处在收获的季节，而那霓虹闪烁、车水马龙的都市风貌则告诉我们，脚下的国度已经跨入了后工业化社会。

　　来自中欧各地的二十余名专家学者、行政人员及体育教师，当他们把对日本的第一印象牢牢地留在头脑里和相机中的同时，一种由来已久的求知欲也越来越鲜明、浓厚起来："在日本的社会里正在进行着一种什么样的学校体育，日本的体育教育又是如何为培养21世纪的人才战略服务的……"此次由国家教委体育卫生与艺术教育司（后文简称"体卫艺司"）组织的中国学校体育代表团是为参加第三届中日学校体育研讨会而赴日的。这也是首次在日本举行的该项研讨会，会议是在两国进行各自学校体育改革很关键的时候召开的。会议的议题也紧紧地扣住了两国学校体育界人士所关心的焦点——寻找为了 21 世纪孩子们的体育。1994 年 11 月 10 日大会在爱知县大府市隆重举行，日本学校体育界的著名学者竞相到会，作为后援单位的日本文部省也派员到会祝贺。开幕式上，中国代表团团长曲宗湖作了"21 世纪中国学校体育发展战略"的主报告，本次会长日本女子体育大学校长宇土正彦先生作了"我对未来学校体育的见解"的讲演。两个讲话精辟地归纳了两国在未来世纪学校体育的构想。

在分组的交流中，两国学者就学校体育思想、体育课程理论、体育教学理论、体育教师培养体制、健康教育状况等多方面阐述了各自的观点。讨论热烈直率，论点触及本质，关心的焦点大致相同，但思维的差异却显而易见。在理论的研究之后，中国的学者们更加期待着看看日本的体育实践是如何体现其指导思想的。大会组织参观了 4 所中小学，观摩了 7 节体育课，使我们从实践中体会到了一些"作为生活内容的体育"的含义。

——在大府中学的女生体操课，我们看到学生在分组学习，二三人一起拿着教科书和学习卡片，遵照教师的指点，朝着自定的目标进行学习。表面上看这种学习对她们还有些难度，但校长却告诉我们这是培养学生"自主、自立、自习"精神和能力所必需的。

——在鸣海小学，学校为落实其"培养生活实践能力"的教育宗旨，花巨资在校园里堆了几个小山坡，坡上青草丛丛，绿树葱葱，山坡周围布满了各式的体育活动器材，其中有花钱买来的高级器材，也有用废旧轮胎制作的简易器材。二年级的学生正在那里上课，学生们根据教师和自己提出的目标体系，在各种变化的场所里去完成自己想要完成的各种动作，每做完一个动作就在自己的小帽子上贴一个标记，他们时而在教师的音乐召唤下集合起来听教师讲解，发表自己的意见，时而雀跃散开而去，神情饱满，气氛活跃。

——在大阪教育大学附属池田中学看到的是选修课程中的一堂篮球

课，这是一个超大单元（36 学时）的改革课。单元的目标是培养学生运用自己所学的知识去组织比赛的能力，试图让学生在独立活动中锻炼自己，并培养共同活动的意识。在这里年级的界线被打破了；学生的角色改变了；教师的指导形式也改变了；学生间的相互关系改变了；根据教学实际情况的需要，比赛规划和技术要求也改变了。当然，最终教学效果也与以往不一样了。任课教师告诉我们，他们正在进行着大胆的改革，期待着这种新的教学能更好地培养学生从事体育活动的能力，最终是为终身体育服务。

——在大阪教育大学附属池田小学，我们看到一堂很标准的"快乐体育"的教学。"目标学习"使孩子们在体验—挑战—创新的循环里不断提高自己跳绳的技能水平，并从中享受体育学习的乐趣。任课的北川隆先生是个发明家，他制作的电脑技术图像和辅助教材、器材使学生能够更好地去理解动作，也使学生感到体育学习中原来还有这么多的道理和乐趣。

我们从这些体育实践中看到了许多我们还不太熟悉甚至不太理解的新的教育观念，也看到了日本体育改革的主张和实践的内在联系，但"为什么必须如此"的疑惑还是在我们接触了日本的社会背景之后才似乎得以消除。

在代表当今世界高技术企业的丰田汽车组装车间和松下电器公司的大展厅里，我们领略到了现代化大生产的宏大气势和高科技的强大生产力，也看到现代化生产和生活对人的正反两方面的影响，更看到了未来社会对人近乎苛刻的要求，在那个社会里，创造意识和能力、正确而健康的生活态度和本领被认为是现代人不可缺少的素质。当我们步入日本人的家庭时，发现体育活动已成为其重要的生活内容之一，生活的富裕把终身体育推到人们的面前，而终身体育又向学校体育的改革发出了呼唤。日本的教育和体育教育正是针对未来社会所赋予的时代性任务开始了其以个性化、创造性、国际化和民族化为主体的改革，而快乐体育（又称生活内容的体育）正是这改革中的重要一环。日本学艺大学教授永岛惇正这样归纳了快乐体育的方略："要使学生能够具有终身从事体育锻炼的志向和能力，根据运动的不同特性去重新认识我们的教材体系和教学方法并加以改造，让学生真正地理解体育中的乐趣并得到体验是必要的，而让学生在体育实践中明确自己的目标，自己去判断去选择则是体验体育乐趣所必不可少的。"从这段话里我们理解了为什么在日本的体育实践中总是强调学生的自主活动和为什么提倡选择性教学，当然我们对永岛的话可能还没有完全理解，对日本的体育实践也还抱有不少的疑问，但有一点我们是可以确认的，日本已在体育教育的改革方面迈出了坚实的一步。

原载于《中国学校体育》，1995 年第 1 期

素质教育与体育

在由应试教育向素质教育转轨的新一轮教育改革浪潮中，我们学校体育人不免感到一阵阵欣喜，减轻了少许怀才不遇的冷落感。大部分的体育人和教育者都认为体育这门既没有考试（严格地说是没有正式的升学考试），又是三育之一的体育学科是不存在应试教育的，是一门"天然的素质教育"。于是学校体育人往往没有像其他学科的人那样去反思过去的工作，而是满怀信心，踌躇满志地忙着去论证我们体育在素质教育中的作用和地位。但是，事情果真是这样简单吗？果真我们只要按照现在的做法去加强体育就是为素质教育做贡献了吗？恐怕事情并不这样简单，恐怕我们的思考不应就此停止。

素质教育的真正内涵是把人的全面发展和人适应社会能力的提高放在首位。素质教育虽然不否认教育在升学、就业方面的近期功利性，但也绝不拘泥于它。而应试教育则不同，它是把追求教育的近期功利性放在首位，而把人的发展乃至社会发展的远期功利放在次要位置。如果我们用这把尺子衡量一下体育的话，我们就很难心安理得地认为我们是天然的素质教育了。请看下列现象。

有些学校一个学期也上不了几次正经的体育课，一天到晚地忙达标，体育课用去大量的时间测验达标成绩，一次不行再来一次，在这里，锻炼的规律和教学的原则统统服从于达标率的提高；许多体育教师虽然明白小学生喜爱跳皮筋和跳绳等运动，但一上课就只让学生练立定跳远，在硬邦邦的水泥地上一遍又一遍地让小孩子去跳，结果伤的伤，拐的拐，只因为未来的考试里有立定跳远而没有跳皮筋；一些学校为了应付某种检查，明知学生用不了，也要把成人用的篮球架高高地竖在小学的操场上，就因为那个篮球架是正规的；一些体育教师只要学生听话，练习密度和运动负荷达到某种要求就行，而学生对体育的认识和对体育的情感可以不屑一顾，只因为密度可以测量，曲线可以画出，而态度则不易评价；有些同志在决定体育教材时认为，只要过去有的，现在将来就要有，只要比赛、达标中有的项目无论教学效果多么差，学生多么不喜欢也不便去掉……看看这些现象，对照只追求近利而忘却了国家、社会、学生对教育期待的应试教育现象，我们不无清晰地可以看到它在我们体育学科中的影子，应该说，我们体育学科也有从应试教育向素质教育转向的艰巨任务。

我们必须打破有考试就是应试教育，没考试就不是应试教育的简单观念。比如"文化大革命"期间没有考试，但也不是素质教育；今后和将来可能一直要有升学考试，我们也要朝着素质教育前进。再如，中考体育虽是加进了一项考试，但由于我们强调中考"地位考试"和"育人考试"的性质，所以大大推进了学生的体育锻炼，增强了初中毕业生的体质，促进了学生的全面发展，结果加进了考试反而为素质教育做出了贡献。相反，个别地区和个别老师没有认清增加体育考试只是促进体育工作的手段，自己陷入了应试的怪圈，考什么练什么，结果本来是可以加强素质教育的手段变成了应试教育的工具。

体育学科中的应试教育表现在只顾眼前，不想将来；只顾有形的东西，不顾潜在的教育；只顾量，不顾质；只顾形，不顾神。在这种教育下，体育只剩下练习、口令、达标和比赛，只剩下强制和重复。在这种教育下，学生对体育的认识难免肤浅，难免追求近利，难免认为体育不过是练了测、测了练的项目，最后当他们走出校门时，不用说正确的体育观念和认识，恐怕连对体育的兴趣都未必有了。这又何谈德智体全面发展，又何谈为素质教育做贡献呢？

我们体育人已有足够为素质教育添砖加瓦的决心，但是我们也必须认真思考何为素质教育和怎样才能为素质教育做贡献的问题，我们应该通过这样的思考来把握如何进一步深化我们的体育教学改革，使我们的体育学科真正成为促进人的全面发展的名符其实的生力军！

原载于《体育教学》，1997 年第 2 期

体育教师与电视机

　　貌似风马牛不相及的题目后面却是一个拉不开、拉不断的关系和一场不能说不激烈的"竞争"。一位中学老师这样对我说："我现在不敢上篮球课了，因为班上冒出一群美国职业篮球联赛（National Basketball Association，简称 NBA）的球迷，他们每天的话题都是篮球，一下课就打篮球，现在球打得比我好，篮球的技战术比我还门儿清，你说我这篮球还怎么教？"另一位中学老师却这样对我说："以前教女学生踢足球甭提多费神，她们不爱踢也不会踢，一听上足球课就溜号，这下好了，自从甲A联赛开始后，出了一群女追星族，现在说起足球，踢起足球，她们比男孩子都欢……"电视机给体育教师带来了苦恼，带来了欢乐，带来了契机，也带来了挑战。

　　体育教师，一个不算古老的职业，它不同于传授"把式儿"的师傅，也不同于文绉绉地传授知识的学科教师，体育教师既要赋予学生以科学的道理和知识，又要手把手地教会学生运动的技能。体育教师既面对浩瀚如海的知识，又面对各不相同的本体感觉、细腻的感情、复杂的人际交流信息，而且还要有让学生看了就鼓掌的"那两下子"。体育教师以他理论知识和"十八般武艺"的完美结合将"光说不练"的文人和"光练不说"的师傅拒之于体育教育的大门之外。

电视机，一个科技革命和信息社会的代表，它把无论人们的眼睛可以看到的还是看不到的东西统统带到你的家中和眼前，它使人便捷地、高效率地收到各种有用或无用、正确或不正确的信息。当电视机被运用到教学中时，它的直观性、严谨性、高效率和艺术感染力使教育家也不由得哀叹将来某一天会有"没有围墙的学校"，甚至会没有学校。电视机在体育教育方面也日益显出它的优势：地球那边的比赛可以用卫星转播；瞬间即逝的动作可以重复、慢放；不在一个时空的东西可以"蒙太奇"放在同一画面；最厉害的是，它可以让你从它的屏幕中看到你自己在怎样运动。于是体育教师的"十八般武艺"在顶尖运动员的动作图像前黯然失色，体育教师从院校中学来的知识、道理在专家精辟的讲解前自叹不如，教师口令和哨音也远不如电视中俊男靓女富有感染力的带操和那美妙的电视音乐效果……

难道我们的体育教师当真要输给电视机了吗？难道学生们有了电视机就不需要体育课和体育教师了吗？不，决不会的。当一个毕业生在离开学校时，他会紧握着体育教师的手，眼含热泪感谢教育之恩，但他在看完一个体育节目关闭电视机时，想必难有这种激情。因为电视机不会在学生感到困难的时候，给他以温暖的鼓励和安慰；电视机也决不会发现学生的错误去给予他切实的指导；电视机不能手把手去教导、帮助、保护学生。电视机与学生之间没有传神的眼神，没有会意的声势，没有体温的传感，没有充满信息传导的身体接触。电视机没有对学生事先的引导，没有与学生一起事后的回味，没有与学生共同的辛酸，也没有分享的乐趣，而这一切都是一个体育教师与学生之间的真正纽带，也是学生一生难忘的宝贵财富，更是电视机如何发展也不可能取代体育教师的功能所在。

 谈谈电视机与体育教师，是想确认一下什么是体育教师，什么是体育教师的功能，什么是体育教师应具备的东西。议议这个问题，可以使即将成为体育教师的人在学习知识技能时，想到还要在哪些方面完善自我；可以使已经成为体育教师的人在备课时、在考虑教学内容时、安排教学方法时、在面对学生时，能够更清楚地知道自己应该想些什么，做些什么。

原载于《体育教学》，1997 年第 3 期

从体育课上的
"紧急救护"想起谈起

日前，笔者偶然从电视里看到某个国家的体育课，颇有感触。那节课的内容是"救护和搬运伤员"。课上，教师教给学生在遇到体重、性别、伤情等不同的伤员时，如何根据救护一方的不同条件，如救护人数、工具、路途情况等来救护与运送伤员。记得课中教师问的一个问题是："当你遇到一个体重大于或与自己相同的伤员，而你又是一个人，伤员容不得剧烈的搬运、掀动，更不能背起走时，你将如何搬运这个伤员？"为此学生们出主意想办法，并在教师的指导下找到几种适宜的搬运方法，然后又进行练习……教学融救护知识、人体知识、伤病知识、救护技能、运动技能于一炉，从电视片的片段上看还很有些运动量的，也挺像体育课的。

看过电视觉得很好，随后想起一串问题：先想这叫体育课吗？想想未必不是，因为什么才叫体育课也没有清晰的规定，在教室里讲体育知识、看比赛录像都是体育课，在室外动胳膊动腿而且颇出汗的教学课怎么不是体育课呢；再想这"救护和搬运"是不是体育内容呢？想想也未必不是，且不说体育（Physical Education）本来就是一个有关身体教育的宽泛的概念，就说当前保健与体育，健康教育与体育，安全教育与体育日益结合的趋势，说这不是体育教学内容也理不通了；还想上这种体育课有用吗？想想，有用！这"搬运"、这"救护"于己于人于社会都太有用了，可能比会个"蹲踞式跳远"和"跨越式跳高"更有用；最后想：那为什么我们的体育课不教这些呢？想来想去，想不明白了，没见有人说过不应该教，也没有人说过不教的理由，但是就是没见人教过，也许是笔者孤陋寡闻吧。于是笔者试想了一些其他的理由说明它，这一是教不了，如没有场地、没有器材或是教不会；这二是教别的东西更重要，比如多教几年蹲踞式起跑和推铅球对学生的成长、工作和生活更有好处；这三是不用体育课去教，但在中小学的其他课程里也没见谁负责这方面的教学；这四是我们在理论上已经证明这些内容不必教，不必现在教，不必在体育课上教等，但好像都不是。

于是笔者又想到了一些其他的问题，想到几年前的"为什么要教背向滑步推铅球"的讨论还没有个结果；想到现在许多国家在开展"新运动"（New Sports），而我国的体育教材面孔依旧；想到当教育者们把体育的意义提得越来越高时，体育课却在受教育者那里逐渐失去魅力；想到几年前与一位参与过《九年义务教育体育教学大纲》的编写者谈起铅球教材时，笔者被告之铅球上教材是因为在问卷中回答"该不该设铅球"时，答"该"的体育教师占了51%。记得我当时一片茫然，原来我们体育教材设置和取舍的理由竟是这样"简单明了"，那么教材理论呢，教材研究呢，是不是也这样"明了"？

一大堆新兴的、对学生有用的、学生喜闻乐见的体育运动、健康教育内容、锻炼原理和运动技能在体育教学的外面向里张望，一大群渴望乐趣和健康的学生在体育教学中向外张望，我们现在似乎开门也不是，不开门也不是，这为难之中更多的可能不是教学条件的理由，而是教材理论和教学指导思想的问题。

从这里笔者又不禁回想到了体育课程和教材改革的紧迫性。

原载于《体育教学》，1999 年第 2 期

"千年虫"的联想

20 世纪末，一个小小的"千年虫"把上至总统、下至老百姓都搅了个心神不宁，人们也对两个小小的数字和一个"定式"的巨大威力有了认识。当一个小小的错误定式变成大众的观念和指导人们（包括人使的机器）思想和行为准则时，我们就会面临一个巨大的错误甚至是灾难，这应该是"千年虫"给我们留下的启示和教训。

回到体育教学想一想，在我们体育教学思想和理论中是不是也有这样的错误定式和"小虫"呢，当这些"小虫"不知不觉地成为指导我们体育教学行为的时候，会给我们带来什么样的危害呢？在此不妨让我们来做一下检点。

小虫 1："体育等于增强体质"

"体育"一词，"体"字为先，不免让人"先入为主"。"体"自是身体，身体能变的部分主要是体质；"育"自是发展和增强，于是体育等于增强体质顺理成章，定式轻易而就。岂不知，体育既是个发祥于各种人类活动的文化现象，又具有多功能和多目标指向。用生物的观点一叶障目似地解释体育，只能使人们又一次证实了："体育的确就是跑跑跳跳，练练身体的。"于是，人们尽管对"体育课成绩好就是身体好"的现实抱有很大疑问，但当学生体质下降时还是要找体育课算账的："你们说体育就是增强体质嘛，现在学生体质不好不是体育课没上好是什么？"但当人们"算账"过后，却一定是要给自己那体质不好的孩子先请了体育课的假，然后拉着孩子去医院，买营养品，再安排个能多睡觉的日程表，只留下个信誓旦旦要在每周只有两节体育课中去完成增强体质任务的体育教师在那里茫然失措。

小虫 2："玩就是以儿童为中心，就是放任，就是……"

老祖宗自古有训："玩物必丧志。"于是"玩"成为体育教育界的忌讳用语，尽管心理学、社会学都证明玩是儿童学习技能的第一步，是适应社会不可少的阶段，是教育，是艺术，但祖训岂可违；于是体育课中即便玩也得是"长江黄河"和"冲过战壕"，玩后还不能忘了练练立定跳远和蹲踞式起跑；玩不能多，有了笑声立刻打住；玩更不能乱，最好能排整齐了玩。于是就出现了愿意玩但不愿上体育的那么一群孩子。

小虫 3："打基础就是什么都学点儿"

中小学体育是基础教育的一部分，基础就是要宽，宽嘛自是什么都学点儿。于是，"打基础等于什么都学点儿"也顺理成章了，但仔细想想，语文、外语和数理化的基础好像与体育大不一样：想上清华、北大，没个数理化的基础您就别想了，说数学光会几何、不会代数，外语光会过去时、不会完成时，您也别想了。而体育嘛，身体体检合格就行，至于您说会简单比划多少个项目，体育什么都学过点儿，招生的同志会婉转地告诉您那与上大学成人才没啥关系（如有一项特精通的倒是有降分和特招一说）。如此说来，咱体育给谁打基础，打什么基础？建议别跟着人家往升学就业的路上跑，咱不是有终身体育一说吗？倘若如此，比起杂七杂八地什么都学，不如学几项精点儿的、有用的为好呢。

小虫 4："体育就要重复，重复就是螺旋式排列"

任何学习都要复习，体育锻炼和学习也要重复，所谓"温故知新"嘛，但不知何时，概念被有意无意地偷换了：在"体育要重复"的后面又有了"重复就是螺旋式排列"的新释义，于是蹲踞式跳远要学 8 个年级，推铅球也要学 6 个年级，这才有了"一滚到底"的形象批评。这也要学，那也要重复，结果使每个年级都上 60 个左右的教学项目（不算另外 30% 左右的任选教学项目），算一算每个教学项目的教学时间还不到 1 小时，学生还咋练习咋重复？"一滚到底"和"蜻蜓点水"的两难其实并不难，只要搞明白我们需要的是什么样的重复就可以了。

小虫 5："要求就是统一性，没有统一性就会出现随意性"

过去我们在这种把要求与统一等同的思想下，一直模模糊糊地担心这么大国家如果没有一个全国统一的体育教学大纲岂不会天下大乱，其结果是没有冬天的地方和没有夏天的地方、光是山的地方和光是水的地方都上一样的体育课，进行一样的考试，按照一样的标准。经过改革开放的实践，国人终于开始认识到：发展形势是多样的，要求也应该是多样的，不统一的要求也是要求，而且往往是更符合实际的要求，区别对待、提出要求也不等于想干什么就干什么。体育教学内容的统一和体育教学要求不是因果关系，更不是正相关的函数，于是终于有了"一纲多本"和"多纲多本"的新局面。

小虫 6："民族传统体育就是武术和五禽戏"

重视民族传统体育文化并形成中国体育特点乃我中华体育人之夙愿，对老祖宗传下的宝贝也非传下去不可，但将两者之间简单地画个等号却有

"小虫"嫌疑。光从字义就知，民族传统体育就可分为"民族的体育""传统的体育"两大类。此外还应有个"民族性体育"，即虽不是中国"土产"但却符合中国人的体育，这不，当我们说起巴西的国家体育特点时，大家都会立即想到足球，但足球却不是巴西的原产而是地道的外来货。其实大多数外国人也不认为中国人都擅长五禽戏，而是知道中国人打乒乓球很好，也就是说，中国人打乒乓球可能比耍五禽戏更有中国的体育特色呢。

体育教学理论中的"小虫"还很多，也很可怕。"小虫"的习性是无意的逻辑错误和有意的概念偷换。预防和消灭"小虫"的良方则是严谨的理论研究和活跃的学术争鸣。"2000 年问题"的骚动过后，咱们体育人是不是也应该对体育教学理论中的"小虫"们进行一下清理和灭除了呢？

原载于《体育教学》，2000 年第 2 期

差就差在音体美

——女儿在日本
就学以后的观感

这一年，我作为高级访问学者到日本东京学艺大学学习，女儿随同赴日并在东京学艺大学附属小金井学校体验就读半年有余。女儿在日本的就读使我在研究教育理论的同时，又增加了对日本教育的实际体察和感受，也从另一侧面使我对中国正在推行的素质教育有了新的认识和理解，对如何加强素质教育中的音体美教育有了新的想法。在此将一些体会归纳如下，以供有关行政领导部门和教育同行们参考。

感触之一：日本的孩子穿的少，肥胖的少，得病的少

女儿从秋天上学到春天退学，一直穿着裙子和袜子，只是颜色有所变换。东京的冬天也时常有零度以下的天气，窗外的游泳池也会常常结上一层薄冰，但无论多冷，这里的小学生甚至是幼儿园的学童都只穿一条短裤或短裙，问女儿和她的同学冷不冷，回答是异口同声的："真冷呀！"问怎么办呢，回答说："跑跑，跳跳，活动活动就不冷了。"在日本，女儿是冻病了几次，但问及她的同学们时，女儿不无羡慕地说，他们除了是折胳膊断腿的同学要请长假外，平时也就是一两个学生请病假。想起女儿在国内上学时，一遇流感就恨不得会有半个班学生请假的现象，倒觉得请病假的多少和"穿裙子"之间好像有些什么必然的联系。

还有一个突出的感触是现在日本学生中的肥胖儿明显减少，借附小运动会时认真地数了一下，三十几人的每个班中能够称为小胖子的也就是一两个，倒是自家那个在国内还算中等体型的女儿却怎么也得算一个肥胖儿。十几年前来日本时，第一次听到肥胖儿的名称，也第一次看到与疾病完全不同概念的肥胖孩子。没想到短短几年，日本的肥胖儿好像骤然减少。其实这是一个错觉，日本的肥胖儿并没有减少，只是增加速度大大降低。据文部省1999年体力测定结果表明，日本学生的体形和体态指标仍趋良好，肥胖儿比例也控制在12%，这与中国肥胖儿迅速增长的情形形成对比。

感触之二：日本学校放假多，学校器材多，学生活动时间多

女儿在日本上学半年多，明显的感觉是放假多，多得几乎和上学时间差不多了。日本从1992年开始正式实施"完全五天上课制"（日本从1990年开始实施部分五天上课制）。本来日本的"红日子"（休假日）就多，当学校里有了招生、面试和向家长介绍情况等事情时学生也要放假，一周还有两天左右只上半天课，每天下午3：30准时下课，几乎没有家庭作业，这可乐坏了在国内做烦了作业的女儿。有了时间，女儿的室外活动时间也明显地多了。

日本的学校运动场地条件好和器材多，这些本来已在想象之中，但还是把习惯了国内体育课的女儿惊呆了，感叹道："日本怎么那么多跳箱和球呀！"女儿说在国内上跳箱课一个人跳不了几次就下课了。女儿说由

于日本体育器材丰富，上体育课痛快极了，也累得不行。看来体育课质量的提高还要依靠些条件。日本学校的运动场地多是平面一块，平面土地下面设有许多标记，一个小时就可画出个挺像样的田径场。平时学生可以在上面踢足球、打棒球、做游戏，一点不碍事，开起田径运动会也丝毫没有一点儿不便。学校的各个楼顶上也多辟为运动场地，对学生开放。学校里的许多水泥地面上都画有各种游戏场地，各种游戏可随时做来，这无意中又把运动场地扩大了不少。学校边上有一片树林，本来是很不容易成为学生的锻炼场所的，但有心的体育教师在树林里设置了许多旧轮胎，还有独木桥、钻洞之类的设施，结果小树林成了学生最愿意去的场所。由于我居住的东京学艺大学国际交流会馆就在这片树林的旁边，每天看着小学生们在那里欢欢乐乐地蹦蹦跳跳，心里颇有些佩服附小的体育教师的用心良苦。

由于有了较好的体育条件和环境，因此日本小学生的户外活动时间也显得较多。附小每天上学前有 20 分钟的室外活动，中午饭前后又有一个小时左右的自由活动时间，每天下午放学前又有一段扫除兼活动的时间，学生在这段时间里可以边活动边交流，既是体育活动的场合，又是心灵交流的场合。

感触之三：日本学校的课程多，实践课题多

女儿到日本后接触到许多新的课程，如家庭课、手工课、生物自然课、社会课。这些课程都是以拓展学生知识、培养情感和开发生活能力为目的的课程。这些课程的内容量大，上课形式多样，课题丰富。手工课摆脱了美术课的模式，将美术和劳作结合起来。女儿为一个猫捉老鼠的手工作业，到商场买纸，又买钳子、改锥、铁丝、胶布、糨糊、粘接剂、花纸等，摆了一屋子，但做出来的"猫捉老鼠"的确很好玩，连我们夫妻二人也跟着玩了半天。家庭课作业的"围裙"使从来对厨房没兴趣的女儿到了商场就往厨艺柜台跑，设计出的围裙也很有意思。附小为了上自然课在校园中办了个小动物园，里面养了山羊、孔雀、狗、鸡、兔、鼠等十几种动物，从此女儿对动物倍感兴趣，家里也随之增加了金鱼瓶和小鼠窝，如果不是日本宠物价格昂贵，恐怕我家里早就成了动物园了。

在国内天天和语文算术打交道的女儿在日本可算开了眼，学会了不少"杂七杂八"的东西。我们明显地感觉到她对周围的事物越来越关心，情感表达的方式好像也多了起来，这可能就是这些学科所起的潜移默化的作用吧。

女儿最高兴的还是在日本作业少，准确地说是没有学科类的作业。有作业则多是劳作或手工的课题。当然，日本的学生放学后一部分学生还要在私塾进行各种学习，但学校不留家庭作业的做法的确给学生参加各种校外活动留下了很大空间。

感触之四：国内的孩子和日本孩子相比，差就差在音体美

女儿在国内上学时学科成绩属中上等，但特别不喜欢算术，计算也不是很好。但在日本第一次作算术就让日本同学吃一大惊，日本同学都说："她做得真快呀！"在中国算术很少得100分的女儿在日本经常得到100分，看来中国的学生比起日本学生来，学科知识的基础和能力都不差，可能还好一些。但是比起其他技能来就相差太远了：日本每个学生拿起小竖笛都能吹几首动听的曲子；在商店的钢琴柜台前几乎过来一个小学生就随手弹上一段乐音，就像随手摸弄一下商品；音乐教室里的钢琴什么时候都开放着，弹几下钢琴也是课中的一项活动，女儿也跟着同学学会了几段，经常在我们面前卖弄。

说起日本同学其他方面的技能，女儿也是佩服得不得了。常说：日本学生玩起单杠可真溜，花样真多，他们个个会倒立、侧手翻，跳箱跳得也真好。他们的舞蹈和各种游戏也都做得很好。

可能中国孩子和日本孩子相差最多还是表达美的感受和创造美的能力。日本的手工既不是美术，也不是劳作，而是充满了创造性培养的，

融手工制作、美术设计、工艺为一体的综合性美育。一次，手工老师收集了一大堆"垃圾"，如废纸箱、纸盒、各种包装纸、绳索、报纸，同时提供了一些材料，如胶水、订书机、颜色、胶带、刀剪之类，让学生自由命题，自由设计，愿意做什么就做什么，以充分锻炼学生的想象力和创造能力。附小的楼道中和教室的墙壁到处都是学生的手工作品，而且总是全体学生的展示，任何设想、任何创新都会得到充分的尊重，学生的作品还经常被拿到社会上展示，如百货大楼、车站、邮局、公民馆等，显示了学校对学生创造热情的充分尊重和鼓励。

要说到贯穿在各种活动中的美育教育，那就更多了。如体育课中创造舞蹈，运动会中的团体操表演，还有家庭课中的有关服装服饰的作业等，这些教育总让人联想到为什么日本的电器制品那么精美，为什么日本的动画片、漫画集能有那么大量精美的制品问世，不能不让人感到日本人普遍良好的审美素质与日本的艺术教育之间有某些必然的联系。

女儿在日本就学半年多，作为家长们有了一个突出的感受：如果说中国基础教育和日本的教育还有什么差距的话，那么可能应该说：我们的孩子差就差在音体美上。

日本人虽没有提出素质教育的概念，但似乎他们的教育与我国的素质教育观念之间有着某些共通的东西，其实这也并不奇怪。在竞争激烈的现代社会生活中，未来的一代除了要打下坚实的学科基础以外，发展他们的情商，发展他们的想象力和自信心，应该是同样重要的课题，而且可能是更重要的、更紧要的课题吧。

原载于《体育教学》，2001 年第 4 期

狗熊与硫酸、现代人与体育

一般讲，狗熊与硫酸并没有什么必然联系，但某著名大学的高材生不但把它们联系了起来，还由此引起了轩然大波。现代人与体育，其间有着千丝万缕的联系，可惜还有许多人没看到。但是，狗熊与硫酸联系起来的"狗熊事件"却使我们又一次深刻地认识到了现代人与体育之间的联系。

现在人们大都认为刘海洋是怪人、是精神病、是虐待狂。这种认识有一定道理，但未免过于简单了。人们在看到狗熊被虐待而义愤填膺的同时，愿意把这种行为说成是一个狂暴的特例，于是，不知不觉之中把这种恶行与你我"正常人"割裂开来，因此大家可以在轻松地痛斥恶行时躲开了一系列严峻的质疑："你是不是也是刘海洋""你的孩子是不是也是刘海洋""你身边的人有多少刘海洋"？

其实，我们身边有许多刘海洋，甚至你我可能就是刘海洋。据刘海洋的同学反映，他也并不是凶神恶煞，而且外表上也不是神经兮兮的，只是他在现实社会里受到的心理挤压太大了。这些挤压在心中形成了一个巨大的"肿块"，而刘海洋却没有排泄这些"肿块"的管道，他在挤压中已没有了可以诉说的朋友，他在挤压中缺少了生活情趣，他在挤压中没有安全感，甚至没有了与人共享乐趣的信心。于是他找到了不会说话的动物，他偶然地将狗熊与硫酸两个风马牛不相及的东西联系在一起。而你我和许多人只不过是没有提着硫酸去动物园而已。其实国外离奇的事也很多：把别人的小孩劫持来当小狗养的；把儿童强暴并肢解的事件屡屡发生；在社会的快速和高水平的压力下，许多人没有了朋友，没有了正当的爱好，于是学校成了一团糟，充斥着暴力、枪击、虐待和自杀。受到社会挤压其实是现代人共同面对的现实。

狗熊与硫酸只是必然中的偶然，只是现代人没有现代生活的典型。我们试想一下，如果刘海洋是个网球或篮球的爱好者，如果他在课余之后，能在操场上与同伴进行酣畅的交流，能将挤压在心中的"肿块"与汗水一同宣泄，能将愉快和疲劳于一身，他会去动物园吗？

现代社会在人口、资源和追求物质欲望的巨大压力下，给了人类以前所未有的挤压。现代人越来越舒适也越来越累，越来越幸福也越来越痛苦。

在这种条件下，体育成了现代人的心理抚慰剂：虚拟的体育比赛激烈火爆，但犯不上真刀真枪，假设的胜败却可以让人们的心理得到满足和平衡；体育中躲不开的人际关系使你不想交朋友也得交朋友，共同约定的规则使你不想服从也得服从；满头大汗带来一身的疲劳，也同时带走了满心的烦恼；体育的技能可以给人带来新的自信，体育的观赏可以给人以新的灵感……

但是，现代人要和体育交朋友也是需要基础的。因为一个人如果没有基本的技能和较好的身体基本活动能力，没有体育娱乐的能力，没有在体育中获得的成功体验，没有和他人共同用汗水和身体进行交流的愉快感，那么他走上社会后也不会去参加体育活动和锻炼，他不会从体育活动中获得乐趣，不会在体育中安慰自己的心灵，解消自己的惆怅。作为一个本应朝气蓬勃的青年，刘海洋是怎样离开了体育活动我们不得而知，但我们枯燥的体育教学内容和一些容易让学生体验失败和痛苦的体育教学手段已经让许多青少年远离了体育，这一点却是不争的事实。这些孩子们在远离了体育和健康的余暇生活之后，是去追星、去游戏厅，还是去吸毒、去动物园残害动物，好像与我们体育教师并无直接关系，但作为现代教育一部分的体育，当我们没有给现代人以现代的生活能力的时候，当我们没有实现体育的重要价值时，我们的确应该感到愧疚。这就是笔者最想说的话和为什么写这篇卷首的原因。

"狗熊事件"是个悲剧，但它却使我们学校体育人更清楚地看清了现代人与体育之间的关系，看清了终生体育与体育教学之间的关系，我们也应该同时看清楚体育教学改革的方向。

原载于《体育教学》，2002 年第 3 期

好体育教师像谁

编辑部约稿让我谈谈什么是好的体育教师，这是一个听起来似乎不难回答而真解答起来又很难的问题。一是因为体育学科是一个很特殊的学科；二是因为体育教师是一个很年轻的职业；三是因为体育教师面对和接触的人很多；四是因为体育教师要干的和可干的事情很多。可能是由于上述原因，使得体育教师的"理想像"就不那么清晰，自然评价什么是好的体育教师也就不那么容易了。

一、体育教师应该像谁？

在体育教师的周围有许多相似的职业，有许多相似的人群，我们的体育教师到底像谁？应该像谁？

1.军人：这个人群是最早的体育教师来源。在当年体操课时代，兵式体操是课上的基本内容，在随后的战争时期和一些非常时期，体育课就叫做军体课或军训课等，那么军人来教体育似乎也没有什么不合适。在现实中，我们的体育教师队伍中就有部队的转业、复员人员，他们身体好，还学过不少队列、单杠、双杠之类的东西，有的人在部队也经常打篮球什么的，他们政治素质不错，文化水平尚可，因此教起体育来也还像模像样的。但军人讲究服从和纪律，讲究作风和整齐划一，他们刚中欠柔，什么学生主体性特点、学生的心身特点，最好不要跟军人多讲。军人的作风在当今的学校体育中仍然依稀可辨，像军人的体育教师也是随时可见。

2. 师傅：多年前中国没有体育和体操，有的是功夫和杂技，而将这些东西传给后人的是师傅。师傅有的有文化，有的没文化，但他们的技能是过硬的，职业道德是师傅的宗旨，言传身教是师傅的本领，师傅受徒弟的尊敬，但社会地位未必很高。师傅们在某些特定时代也曾进入过体育教师的队伍，师傅的特点也不同程度地留在体育教师的行业中。

3. 教练：教练与师傅有点像，但师傅出自民间，而教练是官人。教练随运动队出现，主要发展在解放后。教练一般出身于运动员，学历有高有低，文化水平也有高有低，因专项技能的擅长，由教练变成体育教师后，教技术得心应手，但讲道理未必在行，于是他们热衷教技能和注重学校课余训练也在情理之中。

4. 运动员：运动员是教练的前身，因此，其他特征与教练基本相同，只是更少了一些言传身教的经验和文化水准。运动员的经验基本来自于自身的感受，感觉好的、体验好的自然也能成为好教师，感觉差的和体验差的可就难说了。问题最大的是文化素养和作风，他们学历虽有大专和中专文凭，但水平相差太远。作风虽长期受准军式训练的约束，但不知什么原因，自己的作风都并不像军人那样有纪律。

5. 教师：体育教师也是教师，自然与教师职业最像，而且现在的体育教师也基本上毕业于师范院校，与其他学科教师是同出一门，但可能是学科的特点，体育教师与其他教师站在一起，总感到有些异样，别人有这样的感觉，体育教师自己也有这样的感觉，而且更多的是些不太好的感觉，因此体育教师不时发出些牢骚和埋怨。

上述五种人与体育教师都有关系，都成为过体育教师，因此体育教师身上也都有这五种人的影子。评价什么是好的体育教师比较困难，可能是因为我们不知要体育教师应向哪个榜样去学习。当然最简单的说法是汇集上述五种人的优点了，如体育教师应有师傅们的敬业精神和言传身教的本领、有军人的精神和作风、有教师的修养和文化水准、有教练员的运动训练水平、有运动员的令人佩服的运动技能。但说起来容易，做起来又谈何容易。

二、好体育教师应该具有什么素质

体育教师应该具有什么素质似乎也没有必要讨论，但实际上当任何好的素质都要集中于一身时是那么困难，体育教师的素质之间有着不少的冲突和矛盾。

1.知识与技能的矛盾

知识体现修养和地位的程度总是比技能多一些，以知识传授为主的其他学科的教师比以传授技能为主的体育教师显得有教养，加上中考、高考都以知识考试为主，因此社会认可度和社会地位都要高一些。而体育教师要储备必要的运动技能而不得已放弃了一些知识学习，于是对于体育教师缺知识的印象越来越强。针对这种情况，国家教育行政部门早在十几年前就考虑尽可能让体育师范生按普通生录取成绩招生，考虑"主辅修"的改革，考虑增加知识课程减少技能学习，以图改变体育教师的资质和形象。但这些努力或失败或受阻，原因是体育毕竟不是以教知识为主的学科，想学知识的不想考体育，就是考上了也不想教体育，光把文化抓了，结果倒是体育师资少了事业心和专业技能，体育师资培养变得不伦不类起来。因此知识和技能绝不能有所偏颇，更不能盲目地去向其他学科教师看齐，只能是找到体育教师的知识和技能的"黄金分割"，但是体育教师的文化修养还是要大抓特抓的。

2. "一专"和"多能"的矛盾

运动技能的"一专"和"多能"也是影响体育教师质量的一个因素。体育里的内容丰富多彩得不可尽数，只有一专似乎不足以应付体育教学的要求，但体育技能掌握要求有一定的训练时间，因此，多专又不太可能，一专会使教师偏向训练，多能又可能使体育教师成为"万金油"，技能多偏杂偏低。近年中小学体育课程也在"专"和"多样"中变化，专项化教学的提倡由来已久，每学年要教65项的教学项目也是多年的事实，有人批判教材在"低级重复"，新一轮课程改革中终于提出了"要教好学生1~2项运动技能"的新要求等。那么，体育教师是要有一专或两专，还是要多能，似乎它们之间的关系也有待讨论，似乎也有"黄金分割"的问题。

3. 学的技能与教的技能之间的矛盾

在过去一段时间里，体育师范生有点像运动员了，为了提高运动成绩而刻苦训练，而真正作为教师应有的教学技能却学得不够。许多学生是自己会做，但不会教别人去做，自己能做好，却无法帮助别人做好。现在大学里体育课程也有些不明不白，将来当体育教师不用教的东西让学生学了不少，而将来当体育教师用得着的东西却没让学生学多少；明知现在学生拼命上二年专选课将100米成绩提高了0.5秒，而学生出了校门二个月就会丧失，但也是要学生拼命地去训练。但反过来说，学生的技能不掌握到一定深度，可能对该项目理解也不足，迁移能力也不强；又反过来说，如果教学技能学不好，有多好的感觉那也只能是自己的，有多好的理解也不能很好地传达给学生，这可能又是一个"黄金分割"的问题。

体育教师的事情很复杂，什么是一个好体育教师的命题也很复杂，可能不同的时代有不同的标准，不同的眼光有不同的标准，不同的立场有不同的标准。当前时代在变，人们的眼光在变，立场在变，我们也应在变化中去不断地清晰体育教师的"理想像"。

原载于《体育教学》，2003年第1期

论体育的师之翘楚

　　当我们翻阅起一份份体育特级教师送来的书稿，当我们以敬佩的心情回顾着各位体育名师的成长历程，细细地品味着他们的成功感悟，学习和总结着他们的教学研究心得和教学的亮点时，我们不由地发出阵阵由衷的感慨，我们不由地浮想联翩，我们的思绪在上百年的时空中萦绕……

　　104 年前，仅仅 104 年前，那时中国的体育教育还是一片荒芜，国人们还怀抱着大烟枪做着"富国强兵"的梦；义和团的勇士们也在被洋鬼子砍掉脑袋前才知道在洋枪利炮前"刀枪不入"只是个口号；清政府打了无数个败仗后猛然发现闭关锁国的结果原来是"山河破碎"，沦为"半殖民地和半封建社会"；横行的太后和失意的皇帝无奈从战胜国那里学来《学堂章程》，顺便也从日本学生那里"反向输入"了几千个汉字词汇，才有了中国文字与西方文明的初步对接。就是从那个时候起，从德国来的体操和从日本来的"体育"第一次出现在了中国古老的大地上，就是在那个时候起，中国才有了被称作"体操教师"的职业。但那时的体操和体育，在青年毛泽东笔下是"有形式而无实质""受体操之益者少，非徒无益，又有害焉"，是个"教者发令、学者强应，身顺而心违，精神受无量之痛苦，精神苦而身亦苦矣，盖一体操之终，未有不貌瘁神伤者也"的劳民伤财之物。那时的体操教师，有旧军人、有东洋浪人、有留学生各色人等，唯独像教师的不多。刚起步的中国体育就像个乏味的大杂烩，靠它富国强兵是没了指望，靠它替中国人摘掉"东亚病夫"的帽子也近乎痴人说梦，但它却把一顶破帽子给体育人戴了个实实凿凿，这个帽子左边看看写着："四肢发达，头脑简单"，右边看看写着："男学工，女学医，浪荡公子学体育"。以后数十年，旧中国的体育在两次世界大战和无数次国内战争的硝烟中步履维艰，"军国民体育"和"国粹体育"的呼喊也都没有使体育教育为之一振，而体育教师也一直被人们认为是"江湖卖技之流""只知跑跳不明学理而遗害青年"和"不能望其对学校及社会有所贡献"的一群人。

50年前，仅仅在50年前，新生的中华人民共和国也刚刚从朝鲜战争的战火中走出，新中国刚刚完成第一个五年计划，就制定了第一个统一全国体育教育的《体育教学大纲》，一批现代化的体育学院在祖国各地兴建，中国版的《准备劳动和保卫祖国体育制度》在全国青少年中推广，中国的体育在"锻炼身体、保卫祖国；锻炼身体，建设祖国"的震天口号中开始了蝶变，史无前例的中国式社会主义的体育教育开始了。但是，错误的政治运动不断地扭曲着包括体育的一切事物发展，体育也必然地成了政治斗争的牺牲品，一会儿劳动可以代替体育了，一会儿军事可以代替体育了，体育课上一会儿砖头扁担、一会儿木枪榴弹，什么叫体育文化，什么叫终身体育，中国人连听都没听说过，说起休闲那必是"修正主义"，说起娱乐那必是资本主义，只有"一不怕苦、二不怕死"和"平时多流汗，战时少流血"才是货真价实的社会主义。在时代的扭曲下，连读书都没用了，那体育课除了意志的磨难和精神的考验外也就没啥大用了。体育如此，体育教师呢？工人农民看咱们好歹也是个知识分子，所以无产阶级的队伍里是没地方站了，可是又有多少人把体育教师当成知识分子看呢？那时连配给体育教师的粮票数量都在工人和教书人之间，当然体育教师当上"反动学术权威"的也就寥寥无几了。其时的体育在特定的政治环境下曲折而波浪式前进着，其时的体育人在高压的政治和不高的社会地位中挣扎着。

20 年前，仅仅在 20 年前，中国已经开始了真正意义上的体育课程和教学改革，中国的国门已洞开，中国的体育教育已与世界的体育文化概念和终身体育思想开始接轨；"体质教育""快乐体育""主动体育""成功体育"等体育思想相继出现，"循环练习法""情景教学""小群体教学""大单元教学""选项教学"等教学方法此起彼伏；从两个《暂行规定》到两个《条例》，奠定了学校体育的法律地位，"素质教育"概念的提出让体育和艺术教育开始涉足教育改革的主战场，若不是"人口多，工作少"这一国家基本矛盾坚挺着"应试教育"，恐怕从那时起体育就能真正地在教育圣殿中登堂入室了。伴随着体育的"改革"和"科学化"，此时的体育教师也开始脱去"退伍军人""老运动员"以及"技艺师傅"的色彩。"文化大革命"后的"新三届"批量性地走向体育教师的岗位；"千名优秀体育教师""千名优秀农村体育教师""十佳体育教师"被连续地评出；一批批优秀的体育教师在不断地涌现；体育教师队伍开始朝着"教师"的本来面目在迈进。这其中最为闪亮夺目的当属那些可谓"精英之精英"的特级体育教师了，他们遇到了好的年代，遇到最佳的发展机遇，他们也做出了他们敏锐的反应和最大努力，因此他们得到了最高的荣誉。我们体育界和体育人都在羡慕他们，也应该感谢他们，因为他们的努力促动了在体育实践教学的最上端的改革，也由于他们的学识和勤奋开始改变人们对体育教师的印象，他们为"体育文化""体育科学"做了形象的注解，他们为"文明其精神，野蛮其体魄"之统一做了最现实的佐证。他们是文明社会的行之世范，是体育教育界的学之人师，是体育教师中的师之翘楚。

我们试图把这些师之翘楚，用最逼真、最生动、最鲜活的文笔展示给所有的体育教师们，其目的不是再一次对他们个人进行推介和褒扬，而是要把他们的人生创造变成我们整个体育教育界的精神财富。

但是，要说明的是，这本书是出版在新一轮体育课程和教学改革实验进行阶段性总结之时，写在《体育（与健康）课程标准》即将修改完善之前，也写在体育课程和教改理论和实践"百花齐放、百家争鸣"之时，因此，在这一特定的历史条件下，每一位有责任心的教师都会积极思考体育教学改革的方向，更不用说各位体育特级教师了，他们思考良久之后，每个人都会有着自己独到的见解和体会，其中有的见解也是颇有可商榷之处的，甚至，本书的点评的专家与被点评的教师在某个个别的观点上也不见得完全一致，但这些都是正常的，恰恰是这样，我们才可能更加真实地把这些特级体育教师的思想和特色真实地展示给大家。

最后，祝愿每一位工作在新时期的体育教师在看了这本书以后，都能有所收获和感悟，都能从此立志和修身，在不久的将来，在中国的学校体育界放眼望去，到处都是行之世范、学之人师、师之翘楚的体育人。

原载于《师之翘楚——全国体育特级教师教育智慧与艺术》，

北京出版社，2007 年

体育与艺术修养

一、体育与艺术

一般人可能都会认为体育与艺术是风马牛不相及的事情。的确，在国务院学位委员会的学科目录上，体育是在教育的学科门类，而艺术则是在文学的学科门类；在中国行政管理上，体育有自己的体育部门管理，而艺术则归在文化部门管理；在各个师范大学里也是体育有体育系、艺术有艺术系；体育和艺术从事者的风格上也是大相径庭的，体育人粗犷豪爽，艺术人敏感细腻，体育人的腿长，艺术人的头发长……

但是，在现实生活中体育和艺术却总是有缘。不说文艺复兴中有着多少体育和竞技的内涵，也不说古代奥运会曾激发了多少艺术的灵感，创造了多少绘画和雕塑；更不用说现代的各届奥运会开幕式是否已成为世界最盛大的艺术展演，就单说这搞体育的人爱唱歌还唱得不错，搞艺术的人爱和体育人一起踢球，不会踢的也是啦啦队；就说这体育人平时看着不美但打起球来拼起命来却怎么看怎么美，就说这各种艺术形式本来就很美，一沾上体育就越发美得厉害；还有许多许多体育和艺术的结合，如美丽的体育场馆、鲜艳的体育服饰、优美的体育音乐、飘逸的体育舞蹈……

体育和艺术之间有着什么精神的纽带？体育和艺术之间流荡着哪些共同的气质，是顶级的挑战，是不懈的创新，是高峰的体验，是拼搏的意志，是文化的沉积，是个性的张扬，是精神的力量，是人格的抽象？

无论如何，我们面对的是一个有趣的文化现象，是文明发展的一条脉络，是探讨人性本原的一个哲学视角，是追究教育意义和课程教学的一个思路。

二、体育与修养

一般人都会认为擅长体育是个修养，但也大都会认为搞体育的人基本都没什么修养，所以，大多数人都认为体育是应该好好学一学的，但大多数人也认为体育是不能当职业从事的；大多数人见了刘翔是要欢呼雀跃的，但大多数人见了刘翔的队友甚至教练也是不屑一顾的，这个明显的认识矛盾和情感反差因何而来，从何时而来似乎已无法考证，是身心二元论的流毒，还是兵式体育的影响？是体育队伍的混杂，还是专业化训练的无奈？要考证可能要有几篇甚至几十篇博士论文才论得清楚。

但是，体育与艺术有着某种不解之缘是可以肯定的了，否则，也就没有体育之中的"Fair Play"和"Sportsmanship""Team Work"等说法了。体育与修养的关系应该是在"共同约定的行为""规范下的行为""自觉的行为""公平竞争才有意义的行为""自我挑战和自我实现的行为"的连点上的。正是这样的行为特征（当然是指没有异化的），体育可以修得人们刚柔并具、可以修得人们风度翩翩、可以修得人们坚忍不拔、可以修得人们胸襟大度、可以修得人们同甘共苦、可以修得人们思维灵活。

虽然体育原本不是为修炼而来，但当游戏和体育运动成为了教育的一部分以后，体育成为了修身养性的最好的熔炉，体育在文化和教育的催化下，其教育的本质在越来越发扬光大。

三、体育与艺术修养

至今还没有见到一本称为是"体育与艺术修养"的书籍，更不用说是教材了，可能是因为很少有人敢把这样一个具有哲学色彩的命题应用于体育教改实践并编成教材吧。但今天案头上就摆上了一本深圳南山区的体育同仁们编写的《体育与艺术修养》。翻过之后，感到这本教材已经极大地拓展了体育课程的边界，极大地放开了体育教学改革的视角，这是一本改革立意很高、充满着体育教学改革激情的，甚至可以说是创举的尝试和努力。我们完全有理由认为这本教材将成为当前体育课程和教学改革中百花园中的一朵艳丽之花，也相信这本教材会给我们今天和未来的体育课程建设以新的启迪，更希望这本教材中的思想会给予体育课程资源开发以新的灵感，当然我最希望的还是这本教材的出版能极大地促进深圳南山区和深圳市乃至广东省和全国的体育教学改革实践，为新时期的体育课程改革发挥积极的促进作用。《体育与艺术修养》融体育知识学习与运动实践指导于一身，既能教学生体育的知识原理，又辅导学生进行体育锻炼和艺术修养养成。我相信这本教材在实践几年以后将会成为一本很好的体育教科书。

另外，也想借本序对李淑英老师以及深圳的各位体育同仁们的努力表示一种崇敬。本来他们上完体育课也就是完成了本职任务，但他们怀着一颗为中国体育改革作贡献的热心，怀着对眼前学生的爱心、责任心，做出那么多艰苦的工作。

愿这本《体育与艺术修养》教材能汇入中国体育课程教学改革之中，为每个中小学生的身心健康和修养的养成服务！

原载于《体育与艺术修养》，2006 年 11 月 11 日

天命之约

天命虽未知，但已迅速地走到了天命之年。

四十三年前的一群"小豆包"，今天带着万千的人生感悟和一脸的风霜，相聚在一起，相互似乎已难以记起对方的名字，但对方脸上的依稀模样立即会闪动出一个个生动的故事和鲜活的历史画面。互相叫着既生疏又熟悉的昵称，相拥在一起，共叹人生之短暂，共浮小学生活之联翩，共叙相别后的人生，共品火红年代的甘甜。

相拥着当年的偶像女教师，相拥着更像兄弟的体育教员，再次走进阔别了三十七年的那一天天、一幕幕：眼前再次浮现出那白色的布衬衫和鲜艳的红领巾；耳边重新响起批斗会的震天口号和落难教师的凄惨哭声；手中仿佛又拿起挖战壕的铁锹和沉重的砖坯；身上好似依然背着"三横两竖"的背包；脚下感觉又踏上了历尽千辛的野营拉练征程；口中又回味出饥饿之中那芬香的高粱米……每一景、每一幕都伴随着我们的成长，那每味甘、每味苦在今天都是我们的财富和幸福。

我们在火红又动荡的年代里拥有着充实和幸福的童年，与我们相比，我们的后代却是"幸福的时代，苦难的童年"。那时，我们有满是鱼虾的小河沟，我们有让人难以入睡的蛙鸣和蟋蟀声，我们有纯朴的情感和今天的人难以置信的诚实，我们还有至今难以释怀的民间游戏。我们衣着虽破但心地善良，我们人生虽艰但乐观向上；我们书包虽破，但却装满宏伟的梦想；我们见识虽少，但心中却有一片雄鹰飞翔的蓝天。

今天，我们回忆那个年代，回想那永不再现的童年，天命之约时，虽然我们没有相拥而泣，但我相信每个人都在为自己的童年的离去而潸然泪下，虽然今天我们没有一个人吟诗放歌，但我相信这里每一个人都在心里为那美丽的童年朗诵着诗篇。

在天命之时，我们感谢上天给了我们生命，让我们享受人生的喜悦；感谢大地使我们的生命色彩斑斓；感谢这跌宕起伏的年代让我们的人生先苦后甘甜；感谢我们的父母为我们的一生把握了正确的航向；更感谢我们的老师教会我们写字，教会我们算术，教会我们游戏，教会我们做人，没有他们就没有我们的天命，就没有今天这幸福的天命之约。

50年，已经在我们身边静静地、飞快地流逝了，天命的年华在我们心中悄悄留下了价值观、人生观和世界观，50年中，我们自己的生命也在悄悄地延续，我们的价值观、人生观和世界观将在新的生命体中继续导航。

回首50年，回首一生，我们心中无比激荡，无比感慨，我们赞美生命、赞美人生、赞美教育、赞美人师、赞美真情、赞美青春，让我们怀着一切的赞美和感恩的心情去继续走完人生的天命之路。

这就是我们相聚天命之约的每一个人的共同的心声！

代表北京朱房小房分校63级全体同学的发言，2007年5月2日

我和赖老师

    我和赖天德老师是忘年交，是师生，更是学术上的挚友和伙伴。

    我和赖天德老师是忘年交，是因为我小时候和赖老师都在北京体育学院的家属区大院里生活，那时我叫他赖叔叔，知道他打乒乓球很好并喜欢钓青蛙。和赖老师真正的相交可以说是在 20 世纪的 80 年代初，那时赖老师刚调到《中国学校体育》杂志编辑部工作，我还在上大学，那时他就写得一篇篇好文章，引领着中国的学校体育改革与开放，而我则为《中国学校体育》画点插图和尾花什么的，挣点稿费。算起来，那时的赖老师比我现在还年轻，可是在我的印象中他那时就像现在这么沉稳和老练，不知是他们那一代人都早熟呢，还是我们这一代人老长不大。

    赖天德老师和我是师生，是因为赖老师一直是北京体育学院的教师，而我是北京体育学院的学生，师生关系名正言顺，虽然我没有跟赖老师学过乒乓球，但也逃不出师生的辈分。

赖老师真正成为我的老师则是在我留学日本以后，那时常翻译点儿日本学校体育的小文章寄回国内在《中国学校体育》上发表。在那中国刚刚挣开闭关锁国枷锁的年代，带着一点民主和科学气息的海外来稿备受国人关注。在那"铅字就是真理"的年代里，几篇小文在权威的杂志上发表也把我乐得屁颠儿屁颠儿的，恨不得就以为自己是个学者了似的。但暑期回国给我当头棒喝的就是这赖老师，一见面就"请教"我问题："什么是后工业社会""什么是快乐体育""什么是游戏论""什么是小集团教学""什么是体育文化论"，等等，我的回答往往使赖老师不满意，也使自己不满意，我往往从赖老师的眼中看出许多东西，如"逻辑""辩证""严谨""完整""全面""细致"等词语，当然更有"一知半解"和"不求甚解"的批评。可以说，是赖老师告诉了我什么是"学者"和学者应有的态度，也是赖老师告诉我什么叫作"学问"和学问应有的规范。

我和赖天德老师成为学术上的挚友和伙伴，那是在我回国工作以后的事情。我们共同在《中国学校体育》杂志上发起了"为什么要教背向滑步推铅球"的讨论，掀起新一轮关于体育目标和体育教材的大讨论；我们共同去四川岳池筹备"全国农村学校体育工作会议"，在那里我们一起设计新农村的学校体育发展模式；我们在全国各种学术研讨会的讲台上上演过"双簧讲学"，共同阐述我们对体育课程教学改革的各种看法；我们用"丛文"（表示两个人站在共同的立场）的笔名，不懈地思索和探讨着中国学校体育领域中各种敏感的课题……在为中国学校体育改革与发展的共同事业中，我和赖老师结下了深深的友情。

我和赖老师还有一个难得的缘分，就是我俩是同月同日的生日，而且整差20年，2007年赖老他70大寿，老毛我50小寿，打算一块过，但愿赖老的这本书那天也能准时诞生来助助兴。

这才说起这本书。赖老师在他70年华诞之年出版的这本《中国学校体育评述——赖天德文集》，首先凝聚着赖老师这一辈子对中国学校体育和《中国学校体育》的无限热爱和大智慧，当然，这本书里还凝聚着近

20 多年来学校体育最深邃的体育教育思想，凝聚着近 20 多年来学校体育中最敏锐的嗅觉和最犀利的观点，更凝聚着近 20 多年来中国学校体育的每一个曲折和前进的轨迹。

我想，也建议以下三种人应该仔细地去研读研读这本书。

每一个试图对中国 20 世纪 80 年代至今学校体育进行了解的人，都有必要去从中了解伴随改革开放的中国学校体育史，这是一个把 20 年时空缩小的捷径。

每一个对当前体育课程和教学改革非常关心，并不断在困惑中思考的人，都有必要从中获得那些对体育课程教学改革非常独特和有益的视角，这是一个开阔思路和寻找方法的机会。

每一个渴望进行高质量教学研究但感力不从心的人，都有必要从中获得那严谨的逻辑思维方式和雄辩的论述方法，这是一个绝佳的学习思辨技巧和雄辩语言方法的练习。

我相信，任何一个读了这本书的人都会受益匪浅，也应叹为观止。

仅以此小序，表达我对赖老师的敬仰，表达对他 70 年华诞和新著出版的祝福。

原载于《中国学校体育改革研究》，北京体育学院出版社，2007 年

青山中的小学校，阳光下的大课间

——感悟义乌市溪华小学的体育大课间和体育课

日前，我们作为教育部体育与卫生工作国家督导团浙江组成员在浙江省义乌市督导时，惊喜地看到了一个农村学校体育的先进模板、一个充满体育思想的小学校、一个欢乐而有效的体育大课间、一堂情趣盎然的农村版体育课、一个年轻有思想的小学校长、一个聪明而勤奋的兼职体育教师，这一切激起了我们很长时间都没有过的感动，在此，希望用我们下面的小文和记录的图像把这个感动传递给大家。

一、绿水青山中的小学校

按照督导的日程安排，我们当日上午第一站是溪华小学。从义乌出发走了四十分钟才到达这个农村的小学校。一路走来，绿水青山，虽然北方这时已是万木凋零，但这里还是一片生机盎然。学校在一个山坞的小村庄中，小巧、淳朴、秀美、宁静，还有一分精致，学校里有学生 288 人，其中 157 名学生是寄宿生，是一个典型的农村小学校。学校里有 2 名专职的体育教师，有 4 名兼职的体育教师。没去之前就听说这个小学校的体育有些特点，听说有一半的学生都会骑独轮车。也听说这个学校的体育器材的更新费用每年都在 2 万元左右，硬件设施早就达标，完全满足体育教学和体育锻炼的需要。但是当我们走进这所学校时还是为这所小学校的精致管理所惊讶，体育器材室里器材琳琅满目但又井井有条，在我们过去看的许多学校的体育器材室好像能做到琳琅满目的很多，但井井有条的很少。学校里的食堂、厨房也是干净利落，符合各种标准的要求。

这个学校有一位年轻干练的校长，他原是市教育局的干部，曾担任过市内知名小学校的副校长，来到这个学校担任校长已有数年。他的话不太多，但说到自己学校的体育和卫生工作的每一句话，都如数家珍，充满着自豪感，我们强烈地感到我们在这个学校里看到的和将要看到的都和这个校长的年轻、干练和丰富的工作经验以及他的教育理念和体育思想有着某种必然的联系。

二、体智融一体的棋运动

进入学校，我们首先见到了一种很新奇的融智力锻炼和体力锻炼于一体的娱乐器材：木头墩象棋，木头墩虽不太大，但也有两三千克重，校长让一个获得过全校冠军的同学和另一个同学演示了下棋的方法，我们发现这下棋运动量可不小，因为同学们走棋很快，而且要不断地弯腰并朝多个方向移动棋子，手臂、腰部和腿部的力量锻炼自然地融在了战略的思考和智力的对决中，我们不禁为这妙想拍案叫绝，手中相机也"咔嚓""咔嚓"地不停响着。当我们再环顾四周时，发现这里不但有象棋，还有七八种我们从来没有见过的棋类。这些有趣的棋盘有的画在草地上，有的画在水泥地上，学校里不多的空地成为了孩子们的体育锻炼场地，用体力下棋也成为了这个学校孩子们的课间活动。据说，这个创意早在十几年前就在这个学校出现了，我们从心里敬佩创造这个棋盘和棋子的那位老师。

三、丰富多彩的大课间

正当我们还在为棋子的事情感慨着，溪华小学的体育大课间就要开始了。只见一些学生搬着各种各样的体育器材跑向操场的各个角落，随后随着音乐各个年级的孩子跑到操场上，他们组成了一个很特殊的队形做起教育部颁布的广播体操和"丢手绢"的集体舞蹈。动作可谓十分整齐和美观，但活动幅度之大和尽情地投入却是在很多的大课间中难得一见的。农村孩子略显笨拙的身体动作和脸上的憨笑相映成趣。

做操和集体舞是分组自由活动。同学们或以班为单位，或以项目组为单位开始了各自的锻炼。我们吃惊地看到，这样一个乡村的学校竟然有如此丰富的大课间内容，有篮球、排球、踩高跷、独轮车、跳绳、滚铁环、呼啦圈，小小运动场成为了快乐体育的园地。而且这个园地布局合理、疏密有致，各个运动相得益彰、安全有保障。这个课间在音乐的伴奏下和和煦的阳光中持续了半个多小时，我旁边的一个孩子显然是累了，坐在那里喘着气，额头上蒙一层汗珠，汗珠在阳光的照耀下闪着亮。

四、有学有练的第二体育课堂

在这个盎然的大课间中，我们还看到了一个在其他地方的大课间中没有看到的现象：这个体育的大课间还是一个有教有学的第二体育课堂。所有的项目活动组都有一位教师带领，这个教师不像其他地方看到的只是在看管着学生，也不是单单和学生一起活动着，而是一边和学生活动着，一边在教学生技术动作。我重点地观察了篮球、呼啦圈和踩高跷三个活动组教师的"教学"，别看他们都是其他学科专长的教师，但篮球投篮动作、踩高跷游戏技术和战术、呼啦圈的动作要领都教得有章有法、有板有眼，不时还给学生做个动作示范，真比有些专职体育教师不差。

一时间，我们有了在看体育课的错觉。看着这些认真教孩子们体育的教师们，我们多年来一直难以释怀的学科歧视感一时间荡然无存，我们觉得身边的战壕里多了许多的战友。这个很像体育课堂的大课间体育活动一直延续了近四十分钟，同学们的锻炼和学习也颇为深入。下表是笔者记录的各个大课间活动的具体过程和内容。

溪华小学的体育大课间活动及其教学内容

项目组	具体活动内容
篮　球	1.篮球的投篮动作 2.投篮的比赛 3.运球接投篮
排　球	1.对墙垫球 2.对垫练习 3.排球场内的比赛
踩高跷	1.集体行走 2.快速集体行走 3.踩高跷游戏（穿过封锁）
独轮车	1.快速骑行 2.曲线骑行 3.过坡骑行
跳　绳	1.个人花样跳绳 2.结对花样跳绳
滚铁环	
呼啦圈	1.呼啦圈的练习 2.次数挑战

五、久违的欢乐体育课

大课间之后，正当我们准备离开时，已经开始的一堂体育课又留住了我们的脚步，这是由一个没有学过体育专业的计算机老师上的体育课，是一堂朴实无华但又透着正确的教学观念，把学生上得热情高涨的农村式体育活动课，课的过程内容如下。

（1）课的开始：整队，教师喊："稍息、立正、向右看齐"，学生齐喊："向前看"（虽不太规范，但很有趣，很有气势），老师用朴实的语言向学生说明了课的内容和要求。

（2）做操（准备活动）：操做得很简单，像30多年前的广播操，但做得很全面，要求得还挺严格。

（3）锻炼游戏1：两人配合单脚跳接力游戏。很明显，学生第一次做这个动作的接力游戏，教师为了让学生明白和另一个同学做了两次示范，还让第一组学生试跑一次，比赛开始同学们很尽情，很努力，很是可爱，这个游戏做了两遍。

（4）锻炼游戏2：两人配合正反向合作跑接力游戏。学生也是第一次做这个动作的接力，教师又是两次示范，比赛开始后，由于正反向跑配合有问题，有些做反向跑的同学躺倒，滑稽的动作引起大家的欢笑，同学们摔倒爬起，继续比赛，依然是尽情、努力和可爱，这个游戏也做了两遍。

（5）身体素质锻炼：仰卧起坐。教师组织学生进行了仰卧起坐的练习。运动量挺大，同学们头上可以看到微微的汗珠。老师一直在鼓励着学生。

（6）下课。教师进行了简单的讲评，师生互礼。

这节课可以说是我们许久不曾看到的好的体育课，是许久不曾看到的好的农村小学体育课。当我们经历太多的"扁担南瓜""白菜莴笋""破麻袋旧标语"以及"扫把骑马"等所谓的"代表新课程改革方向的农村体育课"的困惑之后，我们感到我们邂逅到了一直在追寻的农村小学体育课的模板。我们这一感性认识的理论确认可以归结为以下三点。

第一，朴实而正确：朴实无华的设计完全没有"为新课改而改革"的矫揉造作和刻意的修饰，但在朴实的教学设计中却透着对体育课程性质的基本理解和对学生身体问题的准确判断。课的设计很朴素，朴素又使得课的行进很自然，自然得如同行云流水，一气呵成。

第二，有效而有趣：虽然整个课的内容只是两个锻炼性游戏（或称游戏性锻炼），但由于所选的接力游戏的动作是学生以前没有做过的新异的动作，而且动作还具有体能和技能的挑战性，对配合还有较高的要求，当动作做不好或两人配合不好时，还会很滑稽，因此课上真正形成了我们常说的，但却很难达到的"玩中练""练中学""学中乐"的教学境界。

第三，规范而亲切：教师虽然不是一个专业的体育老师，但他的体育课却符合一个好的体育课的基本要求，特别是课堂常规、教学步骤、总结归纳等都很不错，课中严肃与活泼，要求与鼓励，表扬与提醒，热情与安全等都处理得相得益彰，让人觉得这节课既亲切又规范。

六、优秀的专兼职体育教师群体

多年来，我们一直对农村体育教师状况有几个基本的认识：（1）普遍数量不足；（2）教师学历和素质普遍不高；（3）兼职和代课教师很多；（4）知识更新途径很少；（5）所进行的体育教学和锻炼内容很"乡土"。但是，我们在这里却完全没有这些感觉。我们在大课间看到一个领操的女教师，她是两个专职体育教师中的一个，感觉和我们在北京名校里看到的体育教师没两样，完全没有我们想象的农村体育教师的印象。过去，我们对农村学校的兼职体育教师和代课体育教师有一种无奈的感觉和排斥的情感，但是在溪华小学接触到的体育课却完全颠覆了我们的成见，上述的那节体育课和同时上的几节体育课除了更符合农村孩子的实际以外，一点不比我们在城里看到的优秀展示课差，我们甚至为这样的课没能参加全国的体育教学观摩展示活动而感到遗憾，我们惊奇为什么这里兼职体育课教师能对我们体育课的改革动态和基本要求如此了解，甚至超过很多地方的专职体育教师？

终于，我们从一个新奇的现象中捕捉到能解答我们困惑的信息：当一个很精干的体育教师从我们身边走过时，校长却介绍道："这个教师不是本校的体育教师，是市里一所学校的教师，他是本校那个女体育教师的'师傅'，今天他是按要求来学校传授技能的。"原来，这里有这样一个各校体育教师互相拜师和定期交流的制度。我们简单地看看师傅的体育课，也确实很有想法，也有板眼。

"地区内体育教师拜师制度→有经验的专职体育教师的知识更新和技能精湛→青年专职体育教师知识充实和技能进步→兼职体育教师体育知识增加和课堂教学能力提高→全体班主任的体育辅导能力和体育教育认识水平提高"，这样一个链条是不是这里体育教师素质高的原因我们还不敢贸然定论，但是，探索这样的教师交流制度和更新知识机制一定是提高农村学校体育教师的必由之路却是无疑的。

七、感动之后的启示和反思

为了继续完成督导的任务，我们实在没有时间再更多地了解这所学校的更多的体育经验了，但是至今我们都在回味着溪华小学给我们的感动，今天感动已经部分地变成了理性的思考，这个理性的思考是由以下的启示和反思组成的。

（1）在义乌市这样的经济发达地区，农村学校的体育正在经历和面临着巨大的发展变化，十几年前成为各地学校体育发展"瓶颈"的体育场地、体育器材等硬件条件在快速改变，在当前，学校体育的发展可能更需要的不是简单的投入，而是学校对体育工作的高度认识和理解，需要的是学校体育发展的动力机制和可持续的发展思路。

（2）农村体育教师仍然总体不足，文化素质和专业素质也仍然有待提高，但是由于体育教师的优秀骨干队伍越来越强壮，在农村地区应该采取像"拜师制度"这样多种形式的体育教师内部交流制度，在城乡之间、专兼职之间传播和辐射体育专业知识和技能，迅速提高体育教师素质和体育课教学质量。

（3）农村学校的体育有着自己的环境和独自的问题，农村学校如何既面对共同的体育问题，如素质教育问题、课程改革问题、教育观念问题等，又面对自身的问题，如体育教师数量质量问题、农村学生体质健康的特殊问题、卫生营养问题、体育文化和科学传播问题、寄宿管理与体育关系问题、地方体育文化结合问题等都是需要认真考量和统筹兼顾的。

（4）我们发现，当前农村学校体育课程质量提高和身体锻炼的灵活化，紧缺的是那些具有健身性、文化性和娱乐性兼顾的体育内容。本文中提到的"运动性象棋"、有趣的配合接力跑、踩高跷的"冲过封锁线"等都是很能锻炼身体、学生又喜欢的内容，而且这些内容全没有"扁担南瓜""白菜莴笋""破麻袋旧标语"那样的庸俗，也没有"多米诺骨牌""大变活鱼"那样的异化，甚至不需要"一棍定天下""抗洪救灾"那样的包装，这些内容可以活生生、原本本地直接渗透到学生的身心中去，我们应抓紧时间总结这样好的内容。

（5）随着学校体育工作内涵的扩大，随着学校体育工作任务的更加丰富，学校体育工作的管理经营日益显得重要。这个管理和经营的工作需要学校全体工作者共同来完成：校长管理着学校体育卫生工作的基本方向和投入的平衡；体育教师管理着体育领域的具体的人、财、物，经营着学生对体育的兴趣和态度，经营着其他教师对体育的感情和支持；而其他教师则负责管理学生对体育的全身心的投入。我们在溪华小学似乎看到了这样的管理和经营。

（6）以往我们有一种印象，就是其他学科的教师好像是体育活动的阻碍者和反对者，而给予我们这种印象的是体育教师。而在溪华小学，我们完全没有这样的印象，相反我们看到这里所有的教师都是体育的支持者，甚至可以说都是体育教师。是这个学校其他学科教师很另类？还是我们看到的是假象？是由于这个学校的校长对体育的高度重视而产生的特殊的团队现象，还是只要有了对体育的重视就必定会产生的团队精神，我们宁愿相信是后一种假设。

（7）像溪华小学这样的体育是非常全面的，其中有着多年的工作经验，有着几代体育教师对内容的创造，也有着几经辗转的思想和认识，还有着多年的硬软件的建设。这种学校的经验是成熟的，是极可模仿的。因此，教育行政部门应总结出不同类型的像溪华小学这样的经验和模型并完整地推介同类学校让大家学习，这种学习可以从"忠实的模仿"到"完善创新"，这样可以加快体育教学内容和教法的传播。我们也在反思：像我们这样的理论研究者是不是也该少一些"理念"，多一些"模板"，少一些"讲演"，多一些"推介"，少一些"书斋"，多一些"蹲点"，少一些"抽象"，多一些"具体"呢？

原载于《体育教学》，2009 年第 1 期

百年老游戏，健我新一代

历史在前进的过程中，曾留下人类的一个独特的璀璨的文化遗产——体育游戏。就是这些丰富多彩又充满乡土气息的"玩耍"，曾让一代又一代的中国孩童在其中锻炼了身体，学会了与人交流、掌握了运动的技能，懂得了公平和公正，培养了坚韧的意志，激发了勇敢的精神。体育游戏对许多人来说，是第一位老师、第一件快事、第一个成功、第一美好的记忆。体育游戏在人的成长之中，在培养人的教育之中，具有独特的功能、特殊的魅力和不可替代的作用。

近年来，团中央进行"三代人的游戏"的课题研究，旨在弘扬中华民族的传统体育文化，为今天的"阳光体育运动"的推进，为广大中小学生的体育锻炼，为基础教育的体育课程与教学改革服务，这是一个重要的、富有远见的研究和探索。这个研究和探索在几年来的进行中已经开始初见成效。年前，我们已经在嘉兴的紫薇小学看到了专家和一线体育教师总结出来并初步变为教材的数十个"百年游戏",看着那些我们儿时以及我们父辈的古老游戏与现代化的学校、与当代的青少年学生、与当前身体锻炼需要、与眼前少年的欢乐情绪融为一体时,我们感动了,我们被启发了,我们有信心了。我们相信只要我们不断地开发好的体育锻炼教材和体育课程改革的资源,我们的"阳光体育运动"一定会稳妥地可持续地发展下去,我们的基础教育体育课程改革,特别是小学体育课程教学改革必然会获得无尽的生命力,我们学生的体质健康水平会摆脱连年下降的趋势,我们的学校生活也会走向智育和体育的和谐发展,获得"应试"和"素质"的双赢和双丰收。

现在紫薇小学的同仁们又在研究的基础上,编写了这本《百年游戏学》的书,这本书可以说既是一个实践研究的成果,也是一本实用的小学体育校本课程,更是向全国小学体育同行送上的一本经验介绍,虽然《百年游戏学》还是初步的、局部的和有待完善的著作,但它给予我们的启发和信息却远远不止这几十页的内容。

我们祝贺这本有特殊意义的小书出版,我们祝愿这本小书能够陆续出版,我们希望这本小书能为学校体育改革做出贡献、能为中国体育文化的弘扬做出贡献,我们更希望这本凝聚着体育人的爱的小书能为每个孩子带来久违的欢乐和健康!

原载于《百年游戏学》

致老师

尊敬的各位老师、各位同行：

人们常说我们是人类灵魂的工程师，今天我想再加上一句，我们还是孩子身体健康的守护神。

现代人类的许多行为都是自相矛盾的：人类在懒惰的本性的驱使下，发明了电梯、汽车、洗衣机，但这些东西却吞噬着人类的另一个本性——动物的运动；人类在追求舒适要求的驱使下，发明了电扇、空调和暖气，但这些东西却阻碍着人类的更大要求——健康；人类在追求美味的欲望的驱使下，肆无忌惮地品味着油腻和添加物带来的口腔快感，但这些东西却减少着人类可以享受美好的时空——长寿……

现代的舒适生活在深刻地影响着人类的健康，而这其中受害最深的是那些年轻的生命——青少年儿童。软（肌肉没有力量）、硬（关节韧带变硬）、虚（没有气力没有耐力）、笨（身体越来越不灵活）、晕（前庭器官发展不良），还有肥胖、近视、孤僻、忧郁等身心健康不良状态紧紧地缠绕着他们、困惑着他们。加上应试教育的倾向、近乎崩溃的学习压力、令人窒息的城市沙漠化、人际关系的荒原化，使得我们的学生不得不"生活在幸福的年代，却过着苦难的童年"。

谁能挽救我们的孩子？靠家长？家长有爱心、有责任感，但大多数家长缺乏知识；靠健康教育的专家？他们有爱心、也有责任感，但离学生太远；因此，只有既有知识、又有爱心和责任感、离学生又近的教师才是拯救学生身心健康的大救星。

那么，我们的教师要怎么做呢？其实也不难，我们只要把学生的身心健康时刻挂在心上，想想我们健康守护神的职责，做好以下十个工作，那么不用很复杂，学生健康促进的工作就会大有成效。

1. 每节课后，提醒学生看看远处，按按眼睛周围的穴位，或闭上眼睛休息一下；

2. 每天的课间操时间，督促学生要认真地做操，活动活动筋骨，最好在学生做操时，您也跟着活动一下，以便以身作则；

3. 每天上课时，注意提高教学效率，讲明白也听明白了的问题，能不留作业就不留作业，能少留作业就少留作业，留作业时务必要精打细算；

4. 每逢体育课时，课后观察一下学生的脸色和情绪，如果大多数学生的脸色和情绪每每总是阴冷，抽空向体育组长反映一下，帮助体育教学进行改进；

5. 每逢"课活"（班级体育活动）时，您自己不要把它挤占，也谨防别人挤占，然后带着学生走向操场；

6. 每天放学前，把学生能睡觉、能运动和做作业的时间算一算，尽量多留一点"健康的时间"给学生，多一点是一点；

7. 第二天上课前，看看学生的眼睛是否有点红，精神是否不振奋，如果是要问问原因，如果是学习负担的原因，就根据自己丰富的经验想想对策；

8. 每过一两个月，对全班学生做一个饮食营养的咨询和检查，讲讲您可能认为简单，但实际上并不简单的营养知识，如发现有严重营养问题就让学生给家长递个话，干预一下；

9.每到学期末，要给学生的体质和健康做个口头的评价，谁的病假明显多了、谁的病假明显少了，谁明显胖了、谁明显瘦了，谁爱动了、谁有点懒了，谁的体育成绩好了、谁的体育成绩差了，开个班会，做个表扬和批评；

10.每到一年，拿出一年前的全班合影，看看那一个个幼小的身体有了怎样的成长，想想他们的学业有了怎样的进步，心灵受到什么样的陶冶，回忆回忆您的工作，体会体会成就的喜悦。

让我们一起为落实党中央国务院关于加强青少年体育工作，增强青少年体质的伟大号召，为培养一代体魄强健的合格接班人，做出我们每个教育工作者的贡献吧！

原载于《体育教学》，2009年3月15日

我与“新课改”

应编辑部的要求，我也参加“我与新课改”这个话题的讨论，其实这个题目主要是为新课改第一线体育教师、教研员准备的，不是我们这些理论研究人员插嘴的话题。本想婉言拒绝，但转念一想，近些年自己确实“蹚体育新课改的水”已经很深了，而且与多种说法难脱干系，比如“京派、沪派之争”之说，甚至“干扰改革”之说，等等。借这个机会，表表自己的心迹，谈谈自己的感受，真情流露地交流一下自己对体育课程改革的认识，也是自己的愿望和责任。于是写下如下在课改经历中的真实感受，请大家批评指正。

一、初入课改，同样是激情一片

1999 年，自己再次回到日本进行高访，这是留学回国近十年后的一次难得学习机会，虽然在出国前就已经听说体育课改的信息，也预感到这是一次难得的学术研究机遇，但面对一次难得的故地重游和学习机会，我还是选择了到日本进行高访。在日本我写了一本书，名为《体育课程与教材新论——面对传统和权威的思考》，还编译了一本书，名为《新体育运动项目与体育教学内容改革》，前者是针对体育课程与教材理论中的种种困惑和错误理论所进行的思考和批评，而后者则是对"New Sports"以及学校体育引进新体育运动项目实践的介绍。两个研究其实都是对体育课程改革的直接思考，也是对当时体育课改的呼唤和期待，研究中所表达的思想及其潜意识是自己对体育课程改革的设计和思路，其背后的动机是对中国体育课程改革的责任心态和参与意识。

2000年4月回国后，我把精力投入到了《普通人群体育锻炼标准》的研制等科学研究的工作中，暂时离开了体育课程教学的主战场。不久，我发现被称作第八次课程改革的体育与健康课程教学改革已经如火如荼地展开了，发现其中有许多是可以称为是革命性的变化，例如：（1）体育课程的名称由"体育"变成了"体育与健康"；（2）国家教学指导文件由《体育教学大纲》变成了《体育与健康课程标准》；（3）在课程目标与内容关系上提出了"目标统领内容"的思想；（4）在体育教学内容的选编上提出了"开放与放开"的思想；（5）在体育课程目标方面"五个目标领域""运动参与""心理健康"和"社会适应"成为了新的目标集合群；（6）在学段划分时放弃了使用多年的"年级"，甚至不用"初中"和"高中"，而改用"水平"来标志；（7）《体育与健康课程标准》不但放弃了对体育教学内容的规定，也基本放弃了对体育教学内容的指导；（8）体育教学课程改革被称为"新课改"，《体育教学大纲》受到了前所未有的批评。

就我本人而言，上述（3）（4）方面的变化与自己多年的问题意识相吻合，心中很是支持；对（7）的变化则是原则上赞同，但觉得有点放得过度，有疑虑；对（1）的变化觉得新颖，但不明白体育与健康将如何牵手，它们之间的关系颇费思量；对（2）（4）（5）的变化，由于不明白目的何在所以心存疑惑；而对于（8）的变化，虽然在此之前，我也比较尖锐地批评过《体育教学大纲》的某些理论，但总觉得把《体育教学大纲》

作为改革对象不免有些不妥，因为把教学大纲作为对象和对比容易混淆改革的性质，缩小改革的视野，错乱本次课程改革与 20 年来教学改革之间的内在联系。但是，虽有上述不理解和疑惑，我还是很积极地一步一步地加入了第八次体育与健康课程改革（以下简称"新课改"）之中。在"新课改"初期（大约是 2000 年至 2002 年期间），我参加的工作主要有：（1）参加了《体育与健康课程标准》的几次审查工作；（2）参加了对人教版和华东师大版《体育与健康》教科书的审查；（3）在一些非官方的课改培训班上发表自己对课程改革的支持；（4）主要在《体育教学》杂志上发表一些支持课改的文章。

应该说，在这段时间里，自己的思想和"新课改"是相当吻合的，自己的态度是积极参与体育课程改革的，与全国广大体育教师一样，是激情一片的。

二、深入课改，充满了困惑疑虑

2002 年，我由首都体育学院调入北京师范大学，由于身处中国体育教育专业发祥的百年老校，不自觉地增加了自己对"新课改"的责任感，身不由己地更加深入到了"新课改"之中，此时我对课改的态度依然是满怀热情的，但随着深入课改，一些疑虑也越发明显了。首先对新课改产生诸多疑虑是主编新课改教材以后。2003 年，我参加到了《体育与健康》（教育科学出版社版）教材的主编工作中。由于这一具体工作的牵动，使自己开始全面面对"新课改"的理论，并对已意识到的问题进行认真的思考，而当时思考最多的是在教科书里反映出的"淡化运动技术"的问题。记得有一本新课改的中学体育教材（水平四），那几乎是一个"画书"，而且还很像"漫画书"，其中几乎没有了技术要领、没有什么错误动作的纠正，甚至连练习方法都很少，三年的教材大约只用 2~3 个小时就可阅读完毕，书中充斥着儿童化甚至是幼稚化的语言。面对这种教材的编写思路与方式，面对教材里反映出的课改思想，自己深感困惑：难道我们的体育课程就要朝着这种虚无化和幼稚化的方向前进吗？难道这就是"新课改"的"新"吗？难道运动技术就要如此被淡化掉吗？在编写教科版教材时，我甚至接到某课改领导者"将教材中的所有人物形象都改成鳄鱼头，以便让中学生喜欢"的荒诞建议，我在感到哭笑不得的同时，深感到体育的"新课改"在目的、目标和基础理论方面都缺乏坚实的基础。

此后，在课改理论层面，"淡化运动技术""淡化竞技性运动技术""淡化竞技运动技术教学色彩""体育教学不要太细致、太系统、太规范、太完整""目标在任何层面统领教学内容""本次课程改革是健康与技术之争""跑得快与跳得高与健康没关系""学生是上帝，教师如同超市导购员""学生爬过跳箱也是意志培养""传统的教学就是注重运动负荷"等虚假的、错误的教改命题相继被提出。在教改实践层面，扁担南瓜、白菜莴笋、多米诺骨牌、杂技杂耍、电子竞技、扫把扫地等问题教学和问题教材不断出现。"新课改"出现了混沌、甚至是混乱的局面。犹如课改理论组专家钟启泉所说，课改呈现出"乱象丛生"的局面。

面对这种令人忧虑的局面，我终于忍不住写出了第一篇似乎与当时体育课改正统理论"唱反调"的文章：《深化体育课程教学改革要正确对待运动技能教学》（《中国学校体育》，2004年第3期），对当时盛行的"淡化运动技术"的论调提出了批评。此时，我个人也从对新课改的激情参与转入了冷静思考之中。但是凭良心说，自己还是衷心希望这次"新课改"能获得她应有的成效，完成在跨世纪这个特殊时代所应该完成的历史使命的。

三、融入课改，阐述了自己观点

最后激发自己对"新课改"进行比较系统思考并连篇累牍地发表自己见解的契机是"第一届全国中小学体育教学观摩展示活动"，这个活动是由教育部体育卫生与艺术教育司和中国教育学会联合主办，于2004年底在广东肇庆隆重召开。这次活动是对 4 年来"新课改"的大检阅，活动中所展示的"优秀教学课"来自全国中小学校。但是，应该说此次活动既充分展示了"新课改"的成果，也充分暴露出了"新课改"的各种问题。

展示活动中的一节"小八路练本领"和一节"抗洪救灾"的课引起与会教师的强烈反响：有人说那只是在游戏，有人说那就是在演戏；有人说课上得很无聊，有人说课上得太滑稽；会场上连续响起了倒掌声，会下有教研员质问如此课如何被选上；有教师问这样的教改到底是什么目的，更有教师强烈要求不能给这样的课评奖；大会指定的现场评课专家拒绝进行评论，但事后也有专家对此类课大加赞赏。在同期召开的"中国教育学会体育专业委员会 2004 年度年会"上，同样出现了"要重视运动技术教学"和"要淡化运动技术教学"两种观点的争论，而主张"淡化论"的两个学者都称是依据于体育课改专家的讲学报告。特别要提及的是，在这个展示活动过程中有一本"新课改"的著书被签名热卖，而其中的许多言论和观点随后都引起巨大的争论并受到了广泛的批评。

应该说，此次展示活动是"新课改"以来各种理论和实践问题的大碰撞，这个碰撞不是学派之争、学者个人观点之争，更不是地区间学者群体之争，而是体育课程性质之争、体育课程教学改革目的和目标之争、体育教学基本理论观点之争。这个碰撞的背后是一系列的理论与实践问题，问题之多、问题之广甚至难以整理清楚，为了更清晰地进行回顾与整理，专列下表说明。

表 1 "新课改"的问题点及其有关观点的对立

问题点	代表性观点的对立
课改性质	实现体育为健康服务 VS 课改是健康与技术之争
技术教学	要加强运动技术学习 VS 要淡化运动技术教学色彩
目标内容	课程层面目标统领内容，教学层面内容实现目标 VS 目标在任何层面统领内容
教学关系	主导性和主体性的相辅相成 VS 新课改关注的是学生兴趣

问题点	代表性观点的对立
师生关系	教师是教育者和教授者 VS 教师是市场导购员，学生是上帝
运动负荷	重视身体锻炼和科学的运动负荷 VS 注重运动负荷是传统教学的弊病
教学质量	要教懂、教会、教好 VS 技术教学不要太规范、太细致、太完整
教学评价	教师是评价主体，重视学生参与评价 VS 从教师评价转向学生评价
教学方法	以传授性教学为主 VS 以三种新学习方式和主题性学习为主
教学过程	三段式教学没有错 VS 主张教学阶段划分的自由化
教材研究	教材研究学理研究至关重要 VS 规矩的教材研究约束了教师主动性
课堂常规	要重视和坚持课堂常规 VS 打破课堂常规以拉近教师和学生的距离
队列练习	在明确目的基础上坚持队列练习 VS 取消队列练习甚至取消集合排队
表扬批评	以表扬为主、以批评为辅 VS 主张语言的温情化
教学内容	不能放弃对教学内容的指导 VS 把内容选择权完全交给教师
教材开发	对教材开发要有指导、要有度 VS 大力提倡开发，不要限制

面对上述纷杂的理论观点对立和众多含混的认识，我和赖天德老师认为不能再袖手旁观了，于是我们联手撰写了一系列的论文来阐述我们的观点，试图澄清一些重要的理论问题，帮助"新课改"能朝着健康和正确的方向前进，我们写的系列文章如下。

1.《深化体育课程教学改革要正确对待运动技能教学》（载《中国学校体育》，2004年第3期）

2.《论"现代评价方法"与"传统评价方法"的关系》（载《中国学校体育》，2004年第6期）

3.《"教师的主导性"与"学生的主体性"的关系》（载《中国学校体育》，2004年第5期）

4.《论体育课与促进学生健康的关系》（载《中国学校体育》，2004年第4期）

5.《论运动技能教学与体育运动乐趣之间的关系》（载《中国学校体育》，2005 年第 1 期）

6.《论"传统体育教学方法"与"现代体育教学方法"的关系《中国学校体育》，2005 年第 2 期）

7.《论体育教学与促进学生心理健康的关系》（载《中国学校体育》，2005 年第 3 期）

8.《论"体育教学"与"促进学生社会适应"的关系》（载《中国学校体育》，2005 年第 4 期）

9.《体育学习中的"学会"与"会学"的关系》（载《中国学校体育》，2005 年第 5 期）

10.《论体育教学目标与体育教学内容的关系》（载《中国学校体育》，2005 年第 6 期）

11.《论体育教学中"共性"与"个性"的关系》（载《中国学校体育》，2006 年第 1 期）

12.《体育情景教学的困惑》（载《中国学校体育》，2006 年第 1 期）

13.《论体育教学中游戏的作用与善用》（载《中国学校体育》，2006 年第 2 期）

14.《论体育教学中的队列练习》（载《中国学校体育》，2006 年第 3 期）

15.《体育课应引进什么新的教学内容》（载《中国学校体育》，2006 年第 4 期）

16.《体育教学中既要有表扬也要有批评》（载《中国学校体育》，2006 年第 5 期）

17.《体育教学中安全和安全教育》（载《中国学校体育》，2006 年第 6 期）

18.《如何正确理解与运用合作学习》（载《中国学校体育》，2006 年第 7 期）

19.《如何正确理解与运用探究学习》（载《中国学校体育》，2006 年

第 8 期）

20.《如何正确理解与运用自主学习》（载《中国学校体育》，2006 年第 9 期）

21.《一堂体育课如何分段》（载《中国学校体育》，2006 年第 10 期）

22.《如何看待体育课的运动负荷》（载《中国学校体育》，2006 年第 11 期）

23.《如何正确理解和实施体育课堂教学常规《中国学校体育》，2006 年第 12 期）

24.《好的体育课首先要像体育课》（载《体育教学》，2007 年第 1 期）

25.《好的体育课必须有好的教学目标》（载《体育教学》，2007 年第 2 期）

26.《好的体育课的核心是好教材》（载《体育教学》，2007 年第 3 期）

27.《好的体育课应是精心设计的课》（载《体育教学》，2007 年第 4 期）

28.《好的体育课应是主导和主体相辉相应》（载《体育教学》，2007 年第 5 期）

29.《好的体育课必须是教法选用得当》（载《体育教学》，2007 年第 6 期）

30.《体育为健康，运动技术学习也为健康》（载《中国学校体育》，2007 年第 1 期）

31.《论体育教学中的教师与学生关系》（载《中国学校体育》，2007 年第 2 期）

32.《体育课一定要让学生学好有用的运动技术》（载《中国学校体育》，2007 年第 3 期）

33.《试析体育教学的主轴线》（载《中国学校体育》，2007 年第 4 期）

34.《再谈体育教学内容开发问题》（载《中国学校体育》，2007 年第 5 期）

35.《体育教学一定要有基本的运动负荷》（载《中国学校体育》，

2007年第6期）

36.《体育课程教学要通过发展身体素质来促进学生的身体健康》（载《中国学校体育》，2007年第7期）

37.《体育学习与评价要有一个统一标准》（载《中国学校体育》，2007年第8期）

38.《论"教学"与"学习"的关系》（载《中国学校体育》，2007年第9期）

39.《论体育新课改中"主题教学法"的理论与实践》（载《中国学校体育》，2007年第10期）

40.《论体育教师在体育新课改中的地位与作用》（载《中国学校体育》，2007年第11期）

41.《论如何关注和提高学生的运动兴趣》（载《中国学校体育》，2007年第12期）

自己对"新课改"的融入阶段应是2004年中期到2007年底，这也可以从上述论文发表的时间看出来。

在这个阶段，我还以另一个方式融入了"新课改"，就是参与组织"全国中小学体育教学观摩展示活动"。2004年的第一届活动出现诸多问题后，我和其他的学会领导一起，试图通过展示活动的引领作用对"新课改"出现的一些实践问题进行纠正，为此，我们做了如下工作：（1）纠正用无意义的戏剧性的题目来标示体育课；（2）强调运动技术的教学过程和教学的实效；（3）在继续提倡新教材的同时注重传统教材，如体操等；（4）强调教学单元的整体设计；（5）强调课堂教学过程设计要符合技术学习和身体锻炼的规律；（6）强调重视体育课的运动负荷；（7）强调重视体育课堂常规；（8）鼓励有效的新教学方式，但注重传授式的教学；（9）注重教师的教学技能；（10）主张课堂的教学目标要制定得合理、清晰并可评价。上述指导性的要求充分地体现在了2006年的无锡展示活动中，引起全国体育教师的极大关注和反响。当然在无锡，我们也听到了"倒退""复辟"的评论，但更多听到的还是"回归"和"纠偏"的赞扬声。会后，"京派""海派"的议论也越发多了起来，"学者在打假"的平庸观点也偶尔见到。但是无论如何，无锡展示活动之后，体育教学改革实践中某些违背"新课改"精神的不良现象得到了很大程度的抑制和纠正，这也是我对体育"新课改"的一种另类贡献吧。

四、加入课改，为了教学健康发展

时间迅速地转到了 2007 年，课改也进入了总结和重新出发的历史阶段。2007 年 5 月份，教育部成立了"《体育与健康课程标准》的修订组"（以下简称修订组），我有幸被选进修订组，从此可谓正式加入了"新课改"的领导工作。

此时自己对"新课改"的责任心更强了，忧虑感也更强了。2007 年我基于多年对体育课程改革的整体思考，基于自己对《体育与健康课程标准》文本功能、内容和形式的思考，基于对前期"新课改"成绩和问题的总结，我和修订组的一些其他同志撰写了《关于完善〈体育与健康课程标准〉的建议（上、下）》的论文，提前对课标的修订工作做了准备，也为自己参加这个工作准备了理论的基础。

现在，在修订组全体成员的共同努力下，《体育与健康课程标准》的修订稿草稿业已完成，等待经过全国体育课程教学专家的审查后由国家公布，笔者已经总结了这个修订稿草稿的十个重要变化，相信这些变化很可能会体现在新的《体育与健康课程标准》之中，将会成为指导"新课改"继续前进的指导思想和理论基础（详见笔者的相关论文）。

现在，全中国的体育教师都在等待着"新课改"的重新出发，都在期待着第八次体育与健康课程的进一步深入发展，期待着体育教学质量的不断提高、期待着体育学科呈现新的面貌和新的地位，我本人也是如此。

为了让体育在学生未来的生活中更有用，让体育能被学生更喜欢，我愿意和所有学校体育工作者一起努力思考、努力工作，将体育课程改革推向实效，推向新的发展阶段。

这就是我和"新课改"的经历。

原载于《体育教学》，2010 年第 3 期

宝钢优秀教师奖
特等奖获奖发言

尊敬的各位领导、嘉宾和教师同行们，大家好：

今天，我作为一名教体育的老师，能在这里代表大家发言感到很荣幸，也有些惶恐，曾向基金会的沈老师推辞过，但被鼓励说体育教育也有特色，于是就站到了这里。我想基金会领导让我代表发言，这里面一定有中国体育成就的因素，一定有素质教育的因素，一定有大学文化的因素，也可能有北师大学生竞技体育取得较好成绩的因素，有北师大体育课程改革取得阶段成果的因素，说不定也有令人烦恼的中国足球的影子，有中国青少年学生体质连续20年下降的影子，但不论有什么，站在这里，我都深深感受到了责任，感受到了力量，也感到了不足。

我想，今天在座的每一个受奖教师，此时此刻都感到了当教师、当好教师的无限幸福。其实，就在那日复一日的讲授和训练中，我们无时无刻不享受着"学为人师，行为世范"的幸福与骄傲，每天的工作很辛苦，很枯燥，我们或身上挂着粉笔末忍受着呼吸性碱中毒的晕眩，我们或在烈日骄阳下同学生们一起流血流汗，但是当教育和教学的成果来临的时候，我们就会像工人、农民一样体会劳动收获的无尽喜悦。

我记得，当我即便是感冒刚好，也会毅然地跳入 20 度左右的水中，一个一个地帮助从没有下过水的同学学习游泳，而当他们完成了 300 米蛙泳，拿到平生第一个体育满分的 100 分时，他们会深情地向我鞠躬感谢，我可以看到那从他们头上流下的水中混着泪水；

我也记得，当我把师大先辈们的感人故事讲给学生听后，把做人的道理给他们讲明白后，他们就会把所有的垃圾从教室书桌里找出带走，他们会真心地要求自己以后绝不迟到，他们也变得团结友爱，使班集体的学习氛围焕然一新；

我还记得，当我把"吃亏是福"处世哲学与学生们分享后，当我用"在任何集体里都要成为让人信得过、靠得住、离不开的人"的朴素集体精神与学生们共勉时，他们会很快理解并长久铭记，多年后他们会用生动事例和更深刻的体验向我回馈，让我获得巨大的成就感；

我更记得，当我们把师大的体育精神传递给师大女足、女篮和女橄队员后，她们真的会在球场上如猛虎，场下如淑女，她们进步神速，先后成了全国大学生的冠军队，师大女足在今年深圳世界大学生运动会上，一改中国足球先赢后输、遇强则弱的陋习，她们敢打敢赢不怕落后，终于为中国足球夺得了近二十年来第一个世界大赛足球冠军，获得第二名的日本队总教练得知我们是北师大的队伍时，说"我们打的是技术，而你们打的是精神"，从崇尚精神力量的日本人的嘴里得到如此评论，我们感到，此番为中国的足球、为中国大学生争的光真的不仅仅是一面冠军的金牌；

我们就是如此，在教学相长中渐成人师，在与教育发展的互动中成为好教师，在一次次地战胜了来自自身的懒惰和来自外界的诱惑之后，我们走到了今天。

感谢宝钢基金会，在今天把教师的幸福浓浓地凝聚起来，再次传达给了我们每个人，让我们像沐浴瀑布式地享受着职业的光荣，品味着光荣的职业；明天当我们回到各自的讲台时，我们会更努力地耕耘，并细细地品尝当教师的平凡与幸福。

感谢宝钢基金会，今天给了我们每个人"学为人师"的一面镜，给了我们每个人"行为世范"的一把尺，让我们再次审视一下自己做教师的德行与学问；明天当我们再次走到学生的面前时，我们定会把人类最美好的东西交给他们。

感谢宝钢基金会，今天给我们每个人又加了油、充了电，让我们又像刚当教师时那样，对自己的职业有了新的憧憬和期待；明天当我们再次走进教室和实验室时，我们会更加朝气蓬勃，意气风发。

感谢宝钢基金会，让我们今天在这里再一次地铭记：教师是人类灵魂的工程师，教师是天底下最光荣的职业，教师是圣职。我们会把这些永远地记在心里，做好人、备好课、育好人、教好书。

最后也感谢在座的各位评委，谢谢你们的信任，我们一定不会让大家失望，也谢谢所有前来祝贺的各位老师、同学，谢谢大家。

2009 年在宝钢优秀教师奖特等奖颁奖会上的发言

郎导，拿一块北师大教师执教的奥运金牌！

尊敬的各位领导、来宾，大家好！尊敬的郎平老师，您好：

用这样称呼向郎平总教练问好，是我期盼已久的事情，也是我们体育与运动学院的全体师生期盼已久的事情，这一天终于到来了，我们为之喜悦不已。我们对北京师范大学郎平体育文化与政策研究中心的成立也期盼已久，我们为有郎平这样的英雄式人物与我们一起为中国的体育和教育事业做贡献而欢欣鼓舞。在此，我谨代表体育与运动学院师生向北京师范大学郎平体育文化与政策研究中心的成立致以最热烈的祝贺，并热烈欢迎郎平老师及其团队参加到北师大的体育人才培养、体育科学研究及体育社会服务的工作中来！

郎平老师是一个时代的标志，是与振兴中华口号联在一起的女排英雄一员，她们的精神和胜利感召了包括我本人在内的一代青少年，教会了我们什么是拼搏，什么是顽强，什么是为国争光，什么是民族的骄傲。但是，当下的中国的青少年似乎逐渐地缺少了这样的感召，缺少了这种教育，缺少了对英雄的膜拜，缺少了想拼搏的精神，缺少了坚强的身体，也缺少了与祖国共荣的感动。值此国人共梦国家富强的历史时期，我们亟需一个促进中国青少年身心健康和体魄强健的阳光体育新的高潮，亟需英雄的榜样去游说广大青少年崇尚体育、崇尚强壮、崇尚阳刚的心灵，而北京师范大学郎平体育文化与政策研究中心的成立恰恰是这样一个榜样的平台，这里发出的信息可以成为对青少年体育参与的号召，这里发出的号召可以成为学校体育改革和素质教育推进的冲锋号。

郎平体育文化与政策研究中心，植根于北京师范大学这片学术沃土，营养于郎平自身丰富的体育实践和文化理解中，成长于"举国体制"深化改革的春天里，耕耘在"少年强则国强"的阳光体育中，也必将收获在中国青少年健康成长的国家梦想中。我们相信，中心的成立与发展，一定会对中国体育文化与政策研究事业做出突出的贡献，一定会对中国青少年的阳光体育运动的发展做出独特的贡献，一定会对北师大体育学科发展的内涵和外延做出更加广阔的拓展，一定会对北师大向世界一流大学进军的步伐增添力量、速度和耐力。我们更相信，中心在郎平老师这位中国体育的旗帜性人物的带领下，一定会像中国女排一样，在新的体育文化研究领域中拼搏、创新、取得振奋人心的优良成绩！我们更期待着郎平老师在北师大人才培养、科学研究和社会服务工作中的那个华丽的亮相与转身。

最后，我代表体育与运动学院表态，我们全力配合郎平老师和郎平体育文化与政策研究中心的各项工作，与中心同心携手，密切合作，共同用体育人的智慧和努力，为中国体育事业的改革与发展做出贡献。

再次热烈祝贺郎平体育文化与政策研究中心成立，并预祝郎平老师带领的国家女排不断强大，在2016年的巴西勇夺奥运冠军，拿一块咱们北师大老师执教的奥运金牌！

谢谢大家。

2015年10月在"郎平体育文化与政策研究中心"成立大会上的致辞

今天，我们想哭

各位亲爱的毕业生，各位老师们，同学们：

今天，2014届本科生、研究生同学们毕业的日子又隆重地走到了我们的面前。

今天，我们大家突然想做很多很多的事情，我们想笑，我们想哭；我们想高喊，我们想尖叫；我们想独处，我们想欢聚；我们想相拥，我们想倾述；我们想狂饮，我们想畅言；我们想伤感，我们想承诺；我们想许愿，我们想宣言，我们想向往，我们想歌唱。

因为，今天是个里程碑式的日子，今天是毕业生一生中具有唯一意义的日子。在这个日子里，我们真的想做许多许多以前从未想做过的事情。但是今天，我们在这里要做的第一件事，是感恩！

下面，请大家静静心，屏住气，共同听完一首歌。(《时间都去哪儿了》)。

同学们，听完这首歌，请看看近在自己身边或想想远在家乡的爸爸妈妈，想一想，他们自你们上了大学以后，爸爸的头上是不是又平添许多的白发，妈妈的面容上又添了好多的皱纹。那白发，那皱纹固然是岁月流逝的痕迹，但爸爸妈妈为你那一科科学业的挂念、为你每一天衣食的担忧，又岂不是他们这四年岁月中最操劳的事情？我问你们，爸爸妈妈的时间都到哪里去了？它们就在你们茁壮的身躯里，它们就在你们洋溢的青春中。

同学们，听完这首歌，请你们再看看就坐在台上台下的老师们，想一想，老师们是不是比你们第一次走进师大校门时，面容似乎更老了，背好像更驼了，头发更白了，走路的步子更慢了。固然，你们的老师们必定随着岁月而老去，但他们为你们那一个个无序的论文篇章的费心修改、为你提的一个个幼稚问题的不厌其烦的解答，为你生活的烦事琐事的费心破解，为你的工作而打一个个低三下四的介绍的电话，又岂不是这四年中令老师们茶不思、饭不想的操劳，我问你们，亲爱老师们的时间都到哪里去了？它们就在你们腹中的诗书里，在你们今天毕业的幸福中。

今天，在毕业之时，我们每个同学都要感谢师长之恩，感谢父母之恩，感谢同学之恩，感谢母校之恩。现在，就请你们用最诚挚的心情和最洪亮的声音，在这庄严和神圣的时刻，道出你们心中那无尽的感谢。

谢谢同学们，我坚信，你们发自心底的感谢已经为老师们洗去四年劳碌的风尘，已经为你的父母拂去了脸庞上的泪水，这感谢也一定会留在你们各自的心间，伴随着你们互相搀扶着走向人生的征途。

今天，我们在这里要做的第二件事是铭记。刚才，老师们把你们学位帽上的流苏轻轻地从右边拨到了左边，这轻轻的一拨，造就了时空的跨越，就造就了你们人生的新起航。

这轻轻地一拨，是个标志，它标志着你们完成了一个新的学业，标志着你的新生活从此开始。

这轻轻地一拨，是个贺喜，老师们在高兴地贺喜你们的刻苦学习取得了成果，贺喜你成长历程又走好了重要的一步。

这轻轻地一拨，是个铭记，铭记着这个对于你们来说永远不会再有的一天是如此的庄严，这永不会忘怀的瞬间，是如此地激荡心灵。

这轻轻地一拨，是个爱抚，老师们再一次看看你那成长以后的可爱面容，再次握紧你的手，向你们传递那深深的爱。

这轻轻地一拨，是相互的赠与，老师们把北师大百年老校的精神与文化赠与你，你们把延绵文化和精神继承决心回赠给老师。

这轻轻地一拨，是个心酸，我们师生今后不知何时何地再相见，相见时，不知老师还能不能像今天这样精神矍铄，是不是会变得皱纹满面、鬓发如雪。

这轻轻地一拨，是个告别，我们师生就此别过，但别过后，一定是那频频的回眸，深深地祝福，还有那默默地怀念。

这轻轻地一拨，是个呐喊，今天，我们这群有着"北师大"这个共同印记的人，此时，都会在心中发出的呐喊："可爱的母校北师大，我们爱你！"

今天，我们在这里要做的第三件事就是立志。同学们，我们是体育人，我们是体育教育人。从今天起，无论你们身处何方，你们终将与共和国的体育事业的发展同行。我们身上的责任重大，一百年前的"富国强兵、保国保种"的呼唤到今日依然在耳边回响，而"强健体魄、振兴中华"的"中国梦想"又到国人面前。我们未来的工作是和国家的兴亡联系在一起的，是和中国的硬实力联系在一起的，是和国家的安全和领土的完整联系在一起的，也是和每个中国老百姓的幸福生活联系在一起的。

同学们，请你们记住1840年的虎门和三英里，记住1896年的黄海和刘公岛要塞，记住1900年的圆明园，记住1931年的奉天北大营，记住1937年的卢沟桥，记住1938年的南京，请你们记住黄岩岛，记住仁爱礁，记住那迷人的西沙，记住美丽的钓鱼岛，记住先人郑和圈定的南部海疆，记住鉴真大师标记过的琉球诸岛，我们把这些记在心里，为的是带着国家的梦想和人民的嘱托，去做好体育的教育，去锻炼中国学生的身体，去培养健壮的中国军人，去塑造健康的中国母亲。

同学们，请你们向老师们承诺，你们一定会完成这个光荣的任务！

今天，我们要做的最后一件事是送行。

亲爱的同学们，即将临别时，我请你们记住：

记住你是北京师范大学的学生，走到何处都要把"学为人师，行为世范"的校训记在心里，体现在身上，走到何处都想着我是北师大人，要时时想着为母校争光、为学院争光、为老师争光、为父母争光、为自己争光。

亲爱的同学们，走向你们人生的新征途吧！我们将永远注视着你们的背影，为你们加油，为你们喝彩，如果需要我们的帮助，老师们永远都会向你们伸出那虽日渐衰老但依然有力的臂膀。

最后，按照惯例，

让我们大家用最热烈掌声为我们自己喝彩！

让我们用最最热烈的掌声和跺脚声向今天在场和不在场的老师们致敬！

让我们用最最最热烈的掌声、跺脚声和欢呼声，向你们远在他乡的父母、兄弟、姐妹、妻子、丈夫、儿女共享喜悦，向他们发出你们发自心底的感谢！

再见了，亲爱的同学们，让我们期待着，期待着我们师生在美丽中华的各地再相聚！谢谢大家。

2014 年 6 月 26 日在北师大毕业典礼上的致辞

中国的学校体育要成为文化

　　拿到《学校体育文化论》后，虽只粗读了一遍，但心中已是无尽的思考。初看《学校体育文化论》这个书名时，觉得真没有多大的新意，想必其他学校体育学者也会有这个感觉。大家都会想：既然学校是文化，体育也是文化，那学校体育必定就是文化中文化、文化之文化了嘛！而且论一论、议一议、说一说，研究研究、探讨探讨这个就在眼前的文化，天经地义耳，轻车熟路耳。

　　但是，仔细一想，这学校体育文化，还真的不是随便说说那么轻松的事儿：在此，我问了自己几个问题：世人都认为学校体育是个文化了吗？大家都拿学体育当学文化了吗？每个经过学校体育教育的学生都"被文化"了吗？我们学校体育的那些事情很文化吗？进行学校体育教育的老师们到底有没有文化呢？仔细一想，真感到心里有些凉、背上有些汗、脸上有些热、脑袋有点晕。

　　每听到至今仍不绝于耳的"四肢发达、头

脑简单"的体育人评价时，我们就完全可以判断出世人是不是把体育当文化了；每个听到过经过学校体育洗礼过的球迷们那震耳欲聋的"京骂"和"国骂"声的人，都断然不会认为他们被文化了；听着家长抱怨说"我家儿子就爱打球，就是不好好学习"时，就知道体育在老百姓的心中学体育绝不是在学文化；有谁看到学校里那破旧的篮板、锈迹斑斑的单双杠，以及沙石遍地的体育场时会认为学校体育的那些事情很文化呢？如果有人遇到一个（虽是个别）衣衫褴里褴褛、叼着烟、满嘴酒气、脏话和滔滔不绝的牢骚，但说起正事又哽咽结巴的体育教师时，谁又会认为他们有文化呢？

看来这文化还真不是"大风吹来的"，学校体育还真的不会因为它在学校里，就理所应当地是文化了；更不会因为它后面带着个"育"字，就天然地成为了文化了。文化是要建设的，是要通过努力的工作来建设的，是要全体学校体育人用忍辱负重的精神去共同建设的，是要每个体育教师要卧薪尝胆地去共同建设的。正像《学校体育文化论》里所要表达的那样：

学校体育文化是制度，也是关怀；学校体育文化是管理，也是陶冶；学校体育文化是秩序，也是自由；学校体育文化是习惯，也是特色；学校体育文化是行为，也是品德；学校体育文化是物质，也是氛围；学校体育文化是清洁，也是笑脸。

学校体育文化来自教师的形象，也来自学生的体态；学校体育文化来自教师的操守，也来自学生的技能；学校体育文化来自教师的人格，也来自学生的集体精神；学校体育文化来自教师的权威，也来自学生的信服；学校体育文化来自多年传统，也来自不断的创新。

学校体育文化既为了青少年个性自由，也为了他们的社会融入；学校体育文化既为了青少年的吃苦耐劳，也为了他们的情趣高雅；学校体育文化既为了教师的职业信念，也为了他们的自我实现；学校体育文化既为了优秀的学校精神，也为了世俗的评价；学校体育文化既为了教育的质量，也为教学的效率；学校体育文化既为了素质教育的全面实现，也为了体育学科的自身持续发展。

如此，真要是仔细研究起学校体育文化来，可不是件容易的事。议一议不难，但真要是议出点名堂来很难；说一说轻松，但能说出点让人心服口服的道理来一点都不轻松；研究研究写个论文可能费不了多大的事，但要研究出点别人想看还看不清楚的真相来就老费事了；探讨探讨写本书可能就是一本书，但能探讨出让人顿开茅塞的视角来，那可就是一本成名之作的书了。

但，要求也不必太高，总得有人先吃吃螃蟹吧，总得有人先在盖大楼的地方干点什么看起来不起眼的事情，甚至还要向盖大楼的相反方向挖挖沟、刨刨土什么的吧。我想，于广智老师的《学校体育文化论》虽然可能还有许多的不足、不深、不锐利、不精辟，但他至少已经开始在学校体育文化这块冻土上挥锹抡镐了。而且抡得还不错，为此，就值得我们为他叫声好！

祝贺有人写了一本《学校体育文化论》，祝愿"学校体育文化论"的研究越来越多、越来越好，更祝福中国的学校体育早日成为真正的文化！

是为序，是为贺，是为共勉。

原载于《学校体育文化论》，北京体育大学出版社，2012年

我认识的董玉泉老师

真的忘记了是在哪个情境下第一次见到的董老师，但这真的也不重要。听他说是自 20 世纪 80 年代，他到北体大接受团体操专家出国培训时在我家听我父亲上课见到过我，我全然不记得了，但我想，那时的董老师一定是风华正茂的"帅呆了"。

后来，我从日本留学回国后在国家教委体育卫生司工作，那时和省里体育教研员老师们接触得很多，必然与董老师同时参加会议、参加各种活动的次数就多了。但让我真真切切地记住董老师的，是我和他一起在浙江富阳小学教师培训中心讲课的那一次，那也是我第一次坐在台下完整地听他讲了一课，当时就想，如果我们的体育教师都是这样的水平，哪怕是每个教研员都是这样的水平，中国的体育课质量就会完全两样，中国的中小学生就会喜欢上体育课了。当时董老师给我留下两点最深刻的印象，至今记忆犹新，一点是董老师讲了一个运动可以有多重方向的延伸，一个前滚翻可以变成多种滚翻的运动；另一个是体育课可以用各种音乐和节奏来调动学生的情绪，听着听着，我只觉得董老师这个人体育教学的经验太丰富了，太聪明了，音乐感太好了，舞蹈的动作太有味道了。上课之间吃饭时，董老师一直在讲笑话，用上海话、苏州话、宁波话，还有北京话说的各种笑话不时让大家喷饭，物质的饭菜一点没吃好，精神的大餐却撑得不得了。那次，还获得了董老师的两节课的录像带，一堂是走跑练习的，一堂是头手倒立的，这两节课成了日后我教授学校体育学的好教材。从那以后，凡是到浙江总会遇到董老师，逐渐地，我们就成了忘年交。

说到董老师的体育教学，他的教学思想和实质，一个极朴实、挺实用、很直接、特形象、巨生动的教学方式和模式。他的教学风范颇有些排他性，因为有些教学方法只有董老师才能运用得好，别人不太好模仿；董老师的教学风格还有些狡黠，因为董老师总会在他的教学中搞出一些小绝招，让人感到意外和诙谐；董老师的教学氛围是以风趣又"点穴"的语言来激发的，董老师的教学感召力是以优美而风趣的身体姿态为表征的，总之，董老师的教学不只是在讲体育和教体育，而是以体育与艺术相结合的形式留在大家的眼里、心上和口中的。大家每每谈起董老师的课，都会让人有久久地感叹，有不时地怀念，有不舍的留恋，有细细地揣摩，有去研究一下的冲动，有今后这种不会再多有的判断和随之而来的遗憾。

说到董玉泉老师的人，更是让人觉得很"幸会"，董老师这样的人好像也不多见，见到他的时候你总会遇见那张让人见了就会很愉快的笑脸，你总会听到他对当前体育教改的独特新感受，你总会重温他那几个很经典，虽然听了好多遍但依然会乐的笑话，你也总会感受他的生活的感悟和为人的智慧，你更会感受他和他遍布浙江大地弟子们之间的亲情，你更会感受到浙江体育教师们对他的无比崇敬。我感觉，每次与他相处，都很轻松，都很开心，都很有收获。

说到和董老师几十年交往，除了许多的感悟和收获以外，真的还有不少的"遗憾"，这个遗憾是：北京与杭州的距离还是把我和董老师分隔得太远了！如果不是离得太远的话，我一定会请董老师经常地为北师大的学生来做做课，讲讲体育，指导指导实习，来当当体育专业硕士的导师，参加体育教育专业学生的开题和答辩；我一定会和董老师一起召开各种培训班，让更多的体育教师知道什么是好的体育课，知道怎样做一名好的体育教师；我也一定会和董老师合作写许多的论文，让董老师的教师体验和教学经验成为中国学校界的共同财富；我想我也一定会和董老师一起多出几本书，其中有几本书应该是《论体育教学的艺术》《体育教师的多彩语言与教育功能》《变化多端的身体练习》《论优秀体育教师的素养》《体育课中的旋律与节奏》《体育的批评与表扬》《体育课堂中的民族舞蹈》《年青体育教师的成长秘笈》《对体育教育专业的建言》《体育中的成功》，等等，而最后一本一定是《一个特级教师的光辉历程》。但是遗憾就是遗憾，只盼望董老师身边的弟子们能代我去多做一些事。

说到董老师，可能还会一直写下去。好在董老师的身体很健康，精神很年轻，我和董老师的故事还会有许多新篇章，那么就等着下次再续吧。

祝福董老师身体好，能为培养像他那样的优秀教师方面再多做些事。

原载于《董玉泉老师的从教纪念集》，2012 年 11 月

灿灿香山红叶中，
腾腾满族体育情

——有感香山小学民族
传统体育校本课程之努力

受一次偶然的邀请，那天我来到了香山脚下的香山小学，参加在那里举行的满族传统体育校本课程的建设研讨会。就这样我和香山小学的为校本课程的不懈努力和辛劳的各位创作者们相遇了。

香山小学就坐落在红叶最好看的那个山坡的下面，由于中学时代经常到那里去写生，因此很容易就找到了。还没进学校就已经感受到了许多与其他学校不一样的地方，古色古香的间间校舍，各种物化的历史记忆，不可言传但感受真切的满族文化氛围，以及满族旌旗的猎猎招展，都让人在不知不觉中就走进了历史。

香山小学历史悠久，前身是八旗官学，始建于乾隆十五年，至今已经有 260 多年的历史，应该是最早的小学了。这个有历史的学校的现代传承者们在 21 世纪，把文化兴校、文化育人作为了香山小学的发展之路，他们创造性地把现代的教书育人的教育责任，与传承中国少数民族的文化传统的使命很好地融合在了一起。

几年前，在北京市老特级教师关槐秀老师的指导下，学校决定把民族传统体育这样一个有丰富内涵的课程资源利用起来，决定将其开发成特色的校本课程内容，用以促进同学们的自我民族文化认知，启迪学生对祖国民族大家庭的热爱，形成对本民族祖先强健体魄的尊崇，激发自觉锻炼身体的意识，形成本校素质教育的独有的内涵和成分。

香山小学的校本课程可谓丰富多彩，它包含了六大部分：课间操、满族传统体育、民族民间体育游戏、特色体能素质练习、体育与健康知识学习、八旗旗营文化。其教材内容上既涵盖了人体基本技能（走、跑、跳、投、球、攀爬等身体基本活动能力）的形成，也力图凸显满族体育活动的特有运动能力的发展，既充分保留满族体育文化的独特风格和内容魅力，又紧密结合现代体育运动精神内涵注入当代的精神风貌。

香山小学的"大课间"的游戏，各个趣味性强、安全性强、锻炼效果好、时代气息浓。欢乐伞、海洋球、网球、消灭老鼠、钻隧道等，让那里的孩子们乐此不疲。香山小学的最具特色的"旗营文化"，借鉴了大型活动的风格，在我国古阵法"八阵图"的基础上提炼简化，编排出了"八旗龙旗阵法"，阵法之中，八旗猛龙对峙阵、八旗乌龙旋风阵、八旗天龙四方阵、八旗云龙错骨阵、八旗潜龙四开阵、八旗群龙困兽阵、八旗飞龙车轮阵等各个精彩，各个虎虎生威。"旗营文化"从内容形式上做到了使学生乐于参与，从体育目标上实现了使学生体魄强健，从文化传承意义上帮助学生体验了继承先人和追求和平的满族后人的使命。

《香山小学民族体育校本课程》形成了初稿，虽然还有很多的稚嫩和不足，但她却犹如一朵小小的鲜花，散发着她独有的芬芳，与阳光体育运动中朵朵花卉一起装点着当代体育的风景。她犹如一阵清风，吹拂着那春意盎然的学校课程建设绿色的原野；她也犹如那香山上的一片红叶，衬映着中国民族传统文化的万紫千红；她更像是一个小小呼唤，却汇入那素质教育的雄壮的号角之中。这个校本课程真的不大，但是我却看到了她的意义，受到了她的启迪，体会了她的新意，更赞赏她的可贵努力，因此，我在此由衷地赞美她。祝贺她，并想通过写下这个小序来支持她。祝贺《香山小学民族体育校本课程》的初步成功！

原载于《香山小学民族体育校本课程》，2013 年 12 月

看课的"门道"

当提笔准备给于素梅博士的《看课的"门道"》一书作序时，还是感到有些诧异和困惑。

第一，对作者的称呼就困惑。称于素梅为同学或学生吧，肯定不行，既不符合她现在的工作身份，也不符合语法，更不符合国情；称她为老师吧，又显得很生分，显得我有点假谦虚了；称她教授或研究员吧，好像也有一些不适合的地方；幸亏老外给留下个以学位相称的习惯，算是解决了一个难题。

第二，我虽平生为人写序无数，但这次还是第一次给自己的亲学生的作品写序。用什么口吻写又感困惑，像平时指导她写论文搞研究那个口吻写肯定不行，那"序"就变成"导师意见"了，用给比较生疏的学者朋友写序那样客客气气的、充满赞扬的口气也不行，那就有借着夸学生夸自己的嫌疑了，于是就定在"体会与鼓励"的基调和口吻上吧。

第三，说到看课，自叹与于素梅博士的积累相差很远，虽然我也在全国看了不少的体育课，但知道她在撰写《体育学法论》的博士论文期间，看了很多很多的体育课，关键是她在看课时要记笔记，要照相，回来要整理，要分类，要分析，这样的看课很具有研究性，看得也很深入，在这样的"认真看"中，她磨炼了一双看体育教学特色和问题的"火眼金睛"，因此，今天为她的看课体会作序也是颇有些难度的。

好了，回到写序，回到《看课的"门道"》。

"看课"是一个教学交流与评价的日常现象，但中国的看课与国外的看课相比被赋予了更多的意义。中国的看课既是既定区域交流，又是培训方式，也是奖励仪式，还是技能大赛，但国外看课行使最多的集体备课和学理研究的功能却似乎不太多。看课的"眼光"和"门道"无疑是要根据看课的目的来决定，真的希望中国的学者们要多从"学理"和"研究""备课"的角度多去琢磨琢磨看课的"门道"；我想这也是于素梅博士《看课的"门道"》想要告诉大家的吧。

"看课"也是一个需要认真做的工作。但不可否认的是，当前的看课活动办得很热闹的多，去看热闹的体育教师也多，不少教师看完课，在背起行囊准备旅游前，就一句话的总结"这些课上得都不怎么样"，不谦虚的人还加上一句"比我上得差远了"。每次大型体育课教学观摩活动之后，我最困惑的就是在《体育教学》等杂志上很少看到一些认真的分析文章，看不到对学理、对教程、对教法、对学法、对课程、对规律的深入分析，体育老师们是不屑于分析呢，还是不敢分析呢，还是没能力去分析呢？我不得而知。在中国看体育课，好像"看"是永恒的主题，而论说其中的"门道"，却似乎被永恒地忽略着，我想，这可能也是于素梅博士《看课的"门道"》想要提醒我们大家的一件事情吧。

于素梅博士的书取名《看课的"门道"》，而没有取名《看课的"热闹"》，是想告诉我们："看课"是一个科学的活儿，技术的活儿，特别是对一线的教研员和体育骨干教师来说，更是一个不可或缺的重要技能了。但只有体育教育的内行才能看出的"门道"，却一直不被体育的专家学者所重视，也不被最需要这个技能的教研员和骨干体育教师所重视，因为，直至今日，也没见到一本像《看课的"门道"》这样一本书。可见，很多人还真没有把看课当"门道"，就当热闹了。因此，于素梅博士的这本书也一定是在提醒我们要重视体育教学交流和评价的技术的方法和方法论的开发。

看了于素梅博士的《看课的"门道"》以后，我体会到，看课要真能看出门道，能时时看出门道，那也是需要有些基本条件的：

看课要看出门道，思想里一定要有正确的体育课程教学观念，如果体育教育的观念歪了，那么坏课能看成好课，好课能看成坏课，这些年，我们在这方面的教训实在是太多太多了；

看课要看出门道，脑子里一定要有一个严肃的质量观念和质量标准，如果没有严肃的质量观念和标准，那么"放羊"的、低级趣味的、幼稚的东西都会被看成是好内容，而雕虫小技的"花活儿"能被看成是好方法和学习的榜样；

看课要看出门道，一定要有一个绝不放过现象背后本质的细心肠，如果没有细心，别人在体育教学中的那瞬息万变的"闪光"和"败笔"就会滑过和忽略掉，这也是微格教学的理论最想告诉我们的道理；

看课要看出门道，胸中还必须有一颗谦虚的心，如果一个人不能谦虚好学，那么他心中的"自我放大"就会把别人认真琢磨出来的好经验看得一钱不值，这样的老师虽一时洋洋得意，但却一生不再进步；

看课要看出门道，还必须要有一双敏锐的眼睛和独特的视角，敏锐的眼睛和独特的视角都来自于独特的教学思想和创造性的意识，而这些思想和意识又来自于不断地学习和思考，如果没有这双眼睛和视野，那结果就是你看到的人家也看到了，人家没看到的你也没看到，或者就是人家看到了你也没有看到；

看课要看出门道，还必须要在心中有一面对体育教师的职业的镜子，要知道好的体育教师应该是什么样子，优点经常表现在哪里，学生喜欢体育教师什么；体育教师的弱点经常表现在哪里，学生不喜欢体育老师的是什么，没有这面镜子，体育课中的教育门道也就基本看不见了。

......

看课要看出门道，还需要很多条件，比如，必须有对教学环境的敏感、对教学安全的敏锐、对教师仪表的审视、对天气与运动的理解、对个体差异的关心、对学生心理的体验、对身体疲劳的体会、对学生群体的了解、对学生思维的把握、对学生情绪的把控，等等，很多很多，而这一切条件都来源于体育教师的认真思考，认真的思考来源于对工作的忠诚，工作的忠诚来自于对职业的热爱，对职业的热爱来自于一个人的责任心，责任心则来自于良心，而良心来自于一个人决心要做一个好人，做一个对社会有用之人的"三观"！

我想，这才是我们能看清体育课，能看懂体育课，能上好体育课，能上精体育课的最大的门道吧！我想，这一定也是于素梅博士《看课的"门道"》一书所想告诉我们的吧！

再次祝贺这本以小见大的书籍出版，希望此类的书会越来越多。

原载于《看课的门道》，教育科学出版社，2014 年

我在"中国梦"中梦到的
教育与体育

    习近平主席在国家博物馆参观《复兴之路》基本陈列时说道：每个人都有理想和追求，都有自己的梦想，现在，大家都在讨论中国梦，我以为，实现中华民族的伟大复兴，就是中华民族近代以来最伟大的梦想。这个梦想，凝聚了几代中国人的夙愿，体现了中华民族和中国人民的整体利益，是每一个中华儿女的共同期盼。国家好、民族好、大家才会好。

    读了习主席的话，回想近代以来，感到我们民族的确一直有着许多国家发展的梦想，也有着许多人民的梦想，但却往往梦醒在残酷的现实之中。想想100年多年前，启蒙的先人们有过"洋务梦""富国强兵梦""恢复中华梦""驱逐鞑虏梦"；建国的伟人们有过"超英赶美梦""大跃进梦""钢铁梦""粮食梦""机械化梦""水利化梦"，以及"四个现代化梦""小康梦"；而普普通通的中国人们却每日做着"团圆梦""温饱梦""出国梦"和"淘金梦"。持续 100 多年的内忧外患总是让中国人在岌岌可危和水深火热之中，做着一个人能应有个基本的生活，国家能有个基本的尊严的可怜的梦想，而哪怕就是这些可怜的梦想，也常常被残酷的历史现实一次又一次地打得粉碎，让中国人的梦想成为了一枕黄粱，乃至噩梦一场。

而如今的"中国梦"，却是中国站在改革开放 30 多年国家进步坚实基础上的新的发展目标，是中国成为第二经济强国并且成为美国最大债主时的大国经济战略，是中国的军队日益成为强军时的历史清算和合情合法的主权回收，是中国有了航天空间站以后对地球的科学俯看，是古老的东方文化与近代的西方文化开始共同构成世界文明价值的中国历史回眸，是中国的教育将巨大的人口负担演化成巨大的人口红利的教育实验，更是中国人穿用顶尖名牌奢侈品在世界旅行，将全球变成中国后花园的人民富足之旅，也是中国越来越有自信，越来越敢傲视群雄更也能反省自身劣根的民族巨大自信的萌发。

国人已有很长时间没有如此靠近现实的梦想了，已有很长时间没有如此不再让人失望的梦想了，已经很长时间没有国人都能看得清楚的梦想了，已经很长时间没有如此把国家和人民更紧密联系在一起的梦想了，已经很长时间没有富有正能量的梦想了。我作为一个体育教育的工作者和研究者，我也随着中国梦在梦想着中国教育和体育的未来，这是我在中国梦中的教育梦和体育梦。

教育通过"学校的标准化"实现了公平化，全国的学校都有同样的校园，大致相同的质量，全中国的学生都能就近得到优质的教育，"择校"的全国焦虑荡然无存；

全国实行"教育税"和"教育经费"的"收支两条线"，教育的发展不再只是依赖县镇长们对教育的价值认同和对政绩的追求，学校都像解放军那样得到最坚实的经费保障；

中国的教育是"技术教育""精英教育"和"大众教育"的完美结合，人人在各类教育中找到特长、价值、工作和幸福生活，"陪太子读天书后失业"现象一去不返；

以学校教育为中心的家庭教育和社会教育分工合作，习惯与教养、知识与技能、规范与纪律各有分工，互相衔接、相互补充，所有都演绎着"玛丽的裙子"的传奇；

国人不再盲目地诟病"高考的存在"，而是找到了更加公开、公正、公平和更能不拘一格选人才的"高考指挥棒"，每个学生都进行可以促进德智体全面发展的"应试教育"；

高等教育形成"国立大学""公立大学"和"私立大学"的良好搭配，校长、教师和学生共同营建着所有大学都该有的大学精神和只有本校才有的学校传统与特色；

中国的学生已经摆脱了家长和学校的"过度关爱"和"迁就纵容"，在"以学生的发展为本，以学生的成长为本"的教育精神指引下，受到既严格又充满爱心的授业与训育；

中国的中小学生跑得快、跑得长、跳得高、举得重、很柔软、特灵活，不怕冷、不怕热、不怕风吹雨打，日本、韩国的总理把中国青少年的体质奇迹列为了本国硬实力发展的国家研究课题；

体育早就是各级升学就业考试的必备内容，但由于中国人重视锻炼已蔚然成风，且学生体育成绩太好，标准一提再提，国家考试院备受困扰，国务院命令教育部在近期取消各类升学体育考试；

新的竞技体育举国战略早已在中国成功实施，奥运会、冬奥会、田径世锦赛、足球世界杯都已在中国举办多次，国际奥组委把总部从哈桑迁到了北京，因为主席一直是中国人；

所有参加奥运会的中国选手各个是真正的大学生和研究生，他们在国民教育体系里全面地发展，奥运会后他们依然是各行各业里的精英人士，"四肢发达、头脑简单"已是对美国运动员的特定形容；

教师早已是最受追捧的职业，而其中的体育教师又是最受尊敬的，因为他们与其他教师相比，文武双全，身姿矫健，体型健美，静如处子动如脱兔，而且最容易与人合作，从不鸡毛蒜皮、婆婆妈妈；

世界上的教育论坛没有一半是中国学者参加就只能是"山寨版"，世界的教育研究者和教师都争着来中国学习教育经验，其中有个叫做北京师范大学的学校是必到之地，其中的体育与运动学院也最好看一看。

以上就是我的教育梦和体育梦，梦想还有很多，而且随着中国的快速发展会越来越多。它们是梦想，更是理想，也是信念，但却绝不是梦话，我愿为这个梦想去做出我的努力和工作。

以习近平为总书记的新一届的党中央，在带领全国人民迈向民族伟大复兴的道路上，提出了既有浪漫色彩又有指引实用的"中国梦"，它让国人有了更加明确的理想和追求，有了思考的新课题和前行的新动力。

我们定会响应总书记的这个召唤，牢牢记住：这个梦想需一代又一代中国人共同为之努力，空谈误国、实干兴邦。我们这一代共产党人一定要承前启后、继往开来，把我们的党建设好，团结全体中华儿女把我们的国家建设好，把我们的民族建设好，继续朝着中华民族伟大复兴的目标奋勇前进。

"三严三实"教育实践活动中的思想汇报，2015 年

教学名师谈教学

一、追求教师的品德

我经常说：要做好学问，首先要做好人；要做好教师，更要先做好人；要做受人尊敬的教师，先做受尊敬的人。我把相信"亲其师，信其道"，更把"信其师，亲其道"作为对自身的要求。我追求着让所有的学生都能"尊其师""爱其师"。教育应该是充满着无限的魅力和力量，这很好理解，但是理解归理解，很多教师似乎想做但做不到，许多教师似乎想做又不想做，更有部分教师似乎永远都不打算那么做。

问题是什么是好人，如何做好人，做好人要牺牲什么，如何面对这种牺牲，如果没有对这些问题真正地认识清楚，那么做好人只是一种言不由衷的表白。

"好人"在不同人的嘴里，在不同的情境下，在不同的时空中是不一样的，而且就是在同一时空、同一情境下的同一张嘴里也不总是一样的。那么到底有没有"普遍意义的好人"和"任何人在任何情况下都被人认为的好人"呢？我想有。那首先是中华传统文化提倡的忠孝之人、勤勉之人、善良之人、诚信之人、智慧之人、正义之人。一个人只要朝着这些方向去努力就都可能成为好人。但是，奇怪的是，那些忠孝人之间、勤勉人之间、善良人之间、诚信人之间、智慧人之间也会有纷争，也会有相互的好坏评价，好人和好人之间有时也依然有好坏之分。因此，只是上述"最基本"或是"最崇高"的做人指针，还是不够的。

我经过多年国内外的生活，接触了多种文化，接触了各种人，也经历了国家机关中的权力尔虞我诈，经历了学术领域中的名利你争我夺，最终，我自己总结出了"普遍意义的好人"和"任何人在任何情况下都被人认为的好人"是什么，那就是"信奉吃亏是福的人"。因为任何一个人，不论他自己是不是好人，不论他自己对好人坏人有怎样不同的标准，当他们在面对"不争之人""吃亏之人"和"忍让之人"时，都会由衷地发出赞叹："那是个好人！"

因此，教师首先要是个勤勉之人、善良之人、诚信之人、智慧之人和正义之人，教师还应时时告诫自己要"吃亏是福"，还要用活生生的事例告诉学生要勇于吃亏。我每次见新研究生时的第一句话就是："你们做了我的学生，就必须要做到遇到有名有利的事退下一步，遇到有苦有难的事冲上一步，这是我给你们讲的第一课，不同意这样做的同学现在还可以另选导师。"所以，所有当过我学生的人都知道我最信奉的信条和时时身体力行的行为规范就是"吃亏是福"，都知道当我的学生也必须信奉。

只要有了这个信条和行为，那你在其他教师和同学的眼中，就一定是个好同事、好教师、好人。

二、漫谈教育理念

教育理念听起来有些哲学、高尚甚至玄虚，其实教育理念就是对教育的基本理解，就是对教育方向的基本把握。我读过许多有关教育史和教育家的书籍，觉着各种教育理念都是"殊途同归"的，有的只是话语系统的不同，有的就是仅仅因为表达方式不同而形成的误会，有的甚至就是大师的学生们为标榜正统而掀起的争执。好的教育理念其实很简单，我认为就是"正确的社会价值观 + 有效的教育途径 + 对学生的准确把握"的算式。照此而论，我的教育理念也就应该很简单了。

我的"社会价值观"是：一个人应成为"一个遵纪守法并能对社会稍有贡献的人"。有人可能认为这个目标太低，我不这样认为。任何一个国度的法律都是按社会基本准则制定的，都是弃恶扬善的（不按法律行事和没有法治是另外一回事），一个人只要事事遵纪守法，他就是对社会的无害之人，培养对社会的无害之人是教育的基本目标；如果这个人还能通过教育把自己的特质发挥出来，形成一个特长，为社会做出一些比别人做得稍好的一些工作（无论是文章写得好一些，还是饭菜做得香一些），他就成为了对社会的有用之人。如果，我们的教育者培养的学生100%都是对社会无害的人。其中有59%是对社会很需要的人，还有1%是对社会有较大贡献的人，我想，那将是一种何等的优质教育呀。

我心中的"有效教育途径"就是"先教人，再教书；先教思考，再教知识"。因为只有教学生做了好人，他们才能塌心地学习那些有用的知识和道理，他们才最少有功利，少有与其他同学的利益纷争，少有对未来功利的无用烦恼，此时的教书才是最有效率的；只教学生知识不教学生如何思考，那知识是死知识，那种知识既能用错，更能用完；而教会了思考就等于给予了知识的源泉，教会了学生思考，他们既可以创造正确的知识，也可以批判错误的知识。

我的"对学生的把握"就是通过观察他们的眼神、聆听他们的言语、揣摩他们的心思、想象他们的成长、瞄准他们的未来、理解他们的水平、原谅他们的错误，把他们当做自己的孩子，如此这般，我就会对学生有比较正确的把握，找到对每个不同孩子的教育方法和不同的教育话语体系。

三、思考教学艺术

什么是艺术？我理解艺术是可以让人得到享受和启迪的高级文化。教学和艺术的差别是教学可以给人以一些启迪，但未必能让人享受，而低质量的教学可能连给人启迪都不够充分。教学艺术绝不是教学与艺术相结合，诸如电影、舞蹈、音乐、美术、相声、小品等艺术的手段显然与教学没有什么关系，也难以直接结合。虽然，美感很强的PPT，教师漂亮的板书、生动风趣的语言以及偶尔的音乐导入会给课堂带来些许美感、些许享受，但最终这些只是手段性的点缀，不足以形成一个人的教学艺术，用多了还会效果相反，使得"点缀"变成"累赘"。

我理解教学艺术的主要成分是"教师用最精辟的语言或最有说服力的事例让学生豁然开朗地理解其所讲述的道理"，教学艺术的现场效果或是学生频频点头表深深之理解，或是学生捧腹大笑表示由衷之会意，或是学生匆匆记笔记生怕忘掉一个字；教学艺术的长远效果必是学生一说到该教师就会说出这个教师的经典名言或教师所说的事例，依然会回味无穷甚至依然捧腹大笑，而且一生不忘。

而那些"艺术性教学"中的"最精辟的语言"和"最有说服力的事例"却是教师用自己不断的收集、反复的揣摩和验证，以及无数次教学的总结和与学生之间的不断交流中得到的。那些"教学中的艺术"一定是智慧的凝聚和讲解的升华，一定是汗水的结晶和集大成的成果。"教学中的艺术"不会很多，但每节课中一定要有那么几个点，就像相声中的"包袱"，教师要准备好足够的"包袱"，并在需要的时候毫不做作地"抖响"。

四、揣摩教师角色

其实，教师就是教师，又不是演员，何谈角色。为什么厨师不谈角色、工人不谈角色、农民不谈角色，而教师却要谈角色呢？我认为这是因为教师面对的是人（凡是直接对人的职业好像会说到角色问题），面对的是年轻人，面对的是向自己学习的人，面对的是自己要进行管理的人，面对的是自己要负许多责任的人，面对的是与自己教学相长的人，面对的是"衣食父母"的人，因此教师就有了角色的问题。

我认为教师的基本角色是"一个负责任地对学生进行教育和传授知识的先知者和先行者"。由于一些优质的父母也能部分或者全部做到这一点，所以好的教师很像好的父母，学生面对好的教师也经常把他们比作父母，如"一日为师，终生为父"说法以及"师父""师母"的称呼就说明了这一点。所以"一个负责任地对学生进行教育和传授知识的先知者和先行者"的基本角色也可以用"充满爱心、负有责任并有知识的父母"来代替。

父母往往因为没有知识而可以成为好父母但不如教师；相反，教师往往缺乏爱心而可以从事教师职业但不如父母；教师和父母都可以因为没有负起责任而不能成为好教师和好父母。我想，如果你要决心当一个好教师，就必须在爱心方面去向学生的父母学习，向学生们的父母那样去爱护他们，然后本着为学生负责、为国家负责、为学生的父母负责的精神去担当起教育的责任，然后把一个教师应该传授给学生们的知识技能很好地进行传授，那么他应该就是一个好教师。

因此，教师在课堂上就是一个教书人，一个说教者，是一个充满学识和智慧的人，此时爱心和责任隐匿在对知识的认真传授后面；在生活中教师应该像一个父母，一个对学生无限关爱的人，此时知识和责任衬垫在爱心的后面。在课堂和生活中教师都是一个管理者，一个代表学校、代表国家、代表社会都时时教导学生要做遵纪守法的人，此时爱心和知识都隐藏在责任的担当之后。在学生的生活困难面前教师要体贴得像个慈母，而在学生的学习要求面前教师要严格得像个严父，如果是在学生的不良行为面前，教师则要严厉得像个警察。教师的角色要根据学生的情况和状态而不断地变化，既不能永远是一个慈母，更不能永远像一个警察。

我尽量按上面的理解去身体力行，因此，我的许多学生把我们称为

"北京的爸爸妈妈"，那时，我才真正体会到教师原来可以有那么多的称呼，我才由衷地感到当教师真的有许多角色。

五、探索创新培养

创新性教育是教育的初衷，也是教育的最高目标和最高境界。但是创新教育不是创造的教育，也不是发明家的教育，因为我们不能期待每个人都成为能够创造和发明的人才，能够人人成为科学家。如果我们期望创新教育能够培养学生人人成为科学家，那么这个创新教育永远都不可能实现，创新教育和大众教育之间也有了逻辑上的冲突，而且教师也会永远不知道自己应该怎样实现创新教育，不知道创新教育与自己每天的教学有什么关系。

那么，什么是创新教育，什么是创新性的培养呢？我理解创新性就是每个头脑中的"批判性""选择性"和"想象力"。一个人可能成不了科学家，成不了发明家，但只要他在遇到任何问题时，只要他有了"批判性""选择性"和"想象力"，他就能与众不同，就能有新见解，就能找到问题的新答案和解决办法，就能给人以启迪。无论他是公司白领，还是建筑工人，无论他是律师，还是厨师，他都会成为公认的创新性人才，会成为"行行的状元"。

所谓"批判性"是指一个人不迷信权威，不迷信定论，不迷信大多数人都熟悉的惯性思维，不相信事情只有一条出路、不相信思想只有一条思路。创新的人善于思考，敢于思考，他表面上并不事事提意见、时时说怪话，并不当面否定别人意见让人下不来台，而是仔细地听人讲话，细细揣摩别人的本意，认真找出别人意见中合理之处，而在自己的头脑中却是波涛汹涌，盯住事物的本质去思考问题，没有任何前提和预设，只有缜密的逻辑和冷静的判断。

所谓"选择性"是指一个人有着丰富的知识，这些丰富的知识使得他的思绪有着多方向性，使得他的答案有着多选择性，使得他的解决有着多可能性，就如当年的爱迪生可以依据其丰富的知识，在把所有其他灯芯材料都实验过依然失败后，他依然有着对竹子的选择，以至最后帮助他将电灯研制成功。相反，如果一个人知识贫瘠，考虑事情时只有一两种方案的局限选择，那这个人一定是没有创新性可言的。

所谓"想象力"是指一个人在思维方面有着充分的事物联系性，许多寻常人认为毫不相干的事情在他的眼中却有着某种特定的联系，他的思维会沿着逻辑去超越时空，他的思维伸缩自如，时而信马由缰，时而又勒紧逻辑的缰绳，于是，他的思维几乎没有死角，事情想得新奇而周到。相反，如果一个人思维僵化，思考仅在最习惯、最安全、最公认的时空中游荡徘徊，那么，这个人必定是与创新性毫无关联的。

六、理解教学研究

一个教师需要研究吗？每一个教师都需要研究吗？教师的研究对象应主要是科学还是教学？教师的研究成果应以什么为标志，是教学的质量，还是学报的论文？从不写论文的教师真的不是好教师吗？反过来说，写了无数的论文但教学平平的教师可以称为好教师吗？上述两种教师哪个更好些？一些教师写的论文明显无用，是应付职称和晋级，这些论文还要吗？等等。这样的问题一直都困惑着每个教师，也是学校管理者们必须面对却难有答案的难题。

我对以上诸问题作如下理解：

（1）一个教师需要研究，因为教育和教学需要我们时时总结和思考，而研究是这些思考和总结的形式与载体。

（2）应该说，每一个教师都需要研究，但每个人研究的程度和研究的范围不一样，对不同的教师的要求也不应一样，要有研究型教师和教学型教师的岗位之分。

（3）研究型教师的研究对象应主要是科学，而教学型教师的研究对象应主要是教学，切不要颠倒。

（4）研究型教师的研究成果以论文为主，以教学成果为辅；而教学型教师的研究成果以教学成果为主，论文为辅。

（5）我作为大学里一个学院的管理者，我既认为不太会写论文但很会教学的教师是好教师，也认为写了无数好的论文但教学平平的教师是好教师，但我不认为他们是完美的教师。在现实中我希望但我并不奢望所有的教师都是完美的。如果问上述两种教师哪个更好些，我会根据不同的学院发展时期和不同的发展任务来回答。

（6）如果问我，一些教师写的论文明显无用，只是应付职称和晋级，这些论文还要吗，我会回答：也需要！因为这些论文对于教师的科研意识和能力的发展来说还是有用的，对于教师的个人发展和进步来说也很需要，对于教师管理的基本公平、公正更是一种虽不完全合理但还基本合理的依据，另外，对于学报杂志事业的初级发展阶段来说这些论文也很重要。

七、修行教师素养

教师的素养是什么？这是个简单到可以用一句话就能说清楚的事，也是一个复杂到就是有几十篇博士论文也说不清楚的事。高度概括教师的素养就是"学为人师、行为世范"，但细细揣摩，教师的素养却是一个多层次、多内容、多结构的，跨社会学、心理学、人类学、伦理学、教育学、政治学、历史学等多学科的庞大的概念和内容系统。指导我自己的素养理论是比较中间层次的，也是比较感性和具象的。因为理解得太复杂了或者理解得太简单了都无法指导我去提高自己的素养和进行必要的修炼。

我理解，素养就是素质和教养。素质有着更多先天的成分，而教养则更受后天的教育和习惯养成的左右。素质和教养都有许多只能意会无法言传的部分，人们很容易判断出哪个教师更有素养，但问及这些素养表现在哪些方面时，却又无法准确和完整地将其概括。因此我认为：一个教师的素养判断是由很具体生动、很感性的视觉、听觉、触觉、嗅觉和综合感觉等得到的，由此，我的教师素养观也就有了视觉的素养、听觉的素养、触觉的素养、嗅觉的素养以及综合感觉的素养等几个方面，详见下表。

各种好的与不好的素养内容与表征

素养种类	好的素养	不好的素养
来自视觉的素养	1. 整齐、干净、色彩协调、时尚的服饰 2. 健美的体型、端庄而稳重的体态 3. 慈祥而坦诚、略带微笑的面目表情 4. 谦虚、随和、有礼貌的待人行为举动 5. 时时事事替他人着想的行动方式	1. 邋遢、随意、不整、低级趣味的服饰 2. 臃肿的体型，吊儿郎当的体态 3. 木然但诡异、略带敌意的面目表情 4. 高傲、较劲、没礼貌的待人行为举动 5. 时时事事为自己着想的行动方式
来自听觉的素养	1. 轻柔但有穿透力、温和的声音 2. 没有一丝过分，能抓住要领的表扬 3. 充满慈爱但又严肃的批评 4. 以谦虚、随和有礼貌为基调的对话 5. 善意的、给人以良好感受的幽默风趣 6. 面对委屈时的无声 7. 几乎没有坏话的对人对事评论 8. 在人多之处的绝对安静或万不得已时的低声言语	1. 粗鲁或娘娘腔的声音 2. 虚情假意，不得要领的表扬 3. 带着鄙视并不讲道理的批评 4. 以假话套话、无礼为基调的对话 5. 给人以不良感受的嘲讽或低俗的幽默 6. 面对委屈时的歇斯底里 7. 充满坏话的对人对事评论 8. 无论任何场合大声说话、吸鼻涕、打哈欠、咂吧嘴以及嘴里的各种响动等
来自触觉的素养	1. 平稳、端正的身体动作 2. 安静的邻人 3. 与异性只在鼓励和双方激动时采取的恰当的身体接触	1. 身体抖动、跺脚、踮脚等触觉 2. 放肆占领周围人空间的行为举动 3. 有意或无意的，让异性或同性反感的身体接触
来自嗅觉的素养	1. 略带着洗涤剂芬香的服装气味 2. 口香糖味道的口气 3. 轻微的香水气味	1. 充满汗味和人味的服装 2. 蒜葱味的口气 3. 烟味酒味的气味
来自综合感觉的素养	1. 一个头脑里有许多准绳、有原则的人 2. 一个镇定自若、情绪无很大起伏的人 3. 一个善解人意、能原谅别人缺点的人 4. 一个好像无所不知、能解答问题的人 5. 一个乐观的、会生活、情趣盎然的人 6. 一个勇于吃亏、时时替他人着想的人	1. 一个头脑很简单、朝令夕改的人 2. 一个情绪不稳定、喜怒无常的人 3. 一个抓住别人缺点就不放手的人 4. 一个知识贫瘠但常不懂装懂的人 5. 一个生活一团糟且没有情趣的人 6. 一个不吃亏、总替自己着想的人

我以为以上素质和教养的内容很明确，也很具体，是我们每一个好教师都应该经常照一照的镜子。

八、品尝教师甘苦

我当过厨师、工人、会计、教辅、官员，还差点当了画家、运动员和公司老板，算起来干过或差点干过的职业也不少了。但我最终还是当了老师，继承了父母的职业。时至今天，品味教师的职业，也算是酸甜苦辣咸，五味俱全了。

当教师要吃许多的苦，特别是要当好教师就要吃更多的苦，吃许多其他职业的人不需吃的苦：

我常看到许多教师在春节、元旦放假期间笔耕不辍，别人在游玩打麻将，但他却在工作，这是一种舍弃享受之苦；

我常看到许多教师在讲完一上午或一下午的理论课后，已经累得嗓音沙哑，不思茶饭，这是一种辛劳之苦；

我常看到许多教师在上了一学期的室外技术课后，脸色黝黑，满脸风霜，物是人非，这是一种失美之苦；

我常看到许多教师为了学生的工作，不停地给熟人打电话介绍学生情况，必要时还要请人吃饭，撕破老脸。低三下四，这是一种屈尊之苦；

我常看到许多教师在像家长一样，为有着不同生活困难的每个学生想解决的办法，跑东跑西，这是一种操劳之苦；

我常看到许多教师面对学生的各种心理问题，用温暖语言去帮助学生一个一个地解开心结，而把学生的心理垃圾移到自己身上，这是一种操心之苦；

我常看到许多教师就是在学生毕业后，还要关心他们的生活，还要帮他们介绍对象，帮助他们解决各种家庭问题，这是一辈子的牵挂之苦；

我常看到许多教师就是在学生毕业后，还要关心他们的工作和发展，还要知道他们的研究和教学，帮他们争取课题，帮他们为晋职解决困难，这是一辈子的责任之苦。

　　教师的苦虽然很多很多，但是隐藏在背后的，让教师品尝最多的还是除了教师很难体会到的甘甜。关于这一点，我最近有了深切的感受：

　　前些日子，爱人做了手术，其治疗和恢复期间，着实让自己品尝了当教师、当好教师的甘甜。手术之前，正值北京和全国"血荒"，但孩子们听说师母治病要靠献血去换手术用血后，争先恐后，仅半天就凑足了血；手术期间，手术室外聚集了无数的学生，一直等着师母术后出来并簇拥着回病房；病房里、护士站里都是学生献给师母的鲜花，病房成了花的海洋；学生每天有事无事都要来病房看一眼，那眼神里充满了深情……

　　那时，我从心底里冒出的一句话是：当教师真好！

　　　　　　　　　　　　原载于《国家级教学名师的教学经验谈》，2012 年

槐花秀色关不住，桃李芬芳后人来

——记敬爱的关槐秀阿姨

　　想想我与关槐秀老师的结识都有半个多世纪了，那是在 1959 年第一届全国运动会以后，我父亲和关阿姨他们为国家成功地编导了开幕式的大型团体操《全民同庆》，国家为了慰劳他们，邀请他们去北戴河度假，那是一个在当时很高的待遇。因随同家属人数有限制，我没能去北戴河，而是随着家里的保姆"奶奶"去了河北农村，回家后看到了爸爸妈妈和哥哥在北戴河的照片，记得照片上面风景美、房间美、人更美，其中一个梳着大辫子的漂亮姑娘就是关阿姨。那次我在河北农村招了一身的虱子回来，所以很奇怪，那个漂亮的关阿姨在我幼小的记忆里经常是和我那煮在锅里的毛背心联在一起的。

　　第二次见到关阿姨是见到了真人，地点一定是工人体育场，那时，她和父亲一起在编导第二届全运会的大型团体操《革命赞歌》，见面的所有细节都忘了，只记得的是那个关阿姨更加漂亮了。以后的交往就更加频繁了，有多少次记不清了，但有一次记得特别清楚，那是关阿姨带着一个漂亮的姐姐从城里来北体院串门，那时北体院到蓝旗营还没有公共汽车，关阿姨她们就走着过来，路上遇见送菜的马车，不知关阿姨靠怎样的手段，不但搭上了马车的顺风车，而且还给我们带来了各种各样当时想买都买不到的蔬菜瓜果，记得我当时又欢喜又羡慕，心想这个漂亮阿姨实在是太棒了，那时我还知道关阿姨是北京芳草地的一级体育教师，一个美美的校名，一个崇高的职业，一个敬畏的称号，真让我当时对这个漂亮阿姨佩服得五体投地了。

1975 年，第三届全运会后，爸爸病了，阿姨常来探望，与阿姨就更熟了，也了解得更多了，这时候，"阿姨"在心中逐步地变成了"老师"，我逐渐知道关阿姨是个优秀的教师、优秀的体育家、优秀的教育家，也是优秀的社会活动家，听她讲的事，听她说的话，似懂非懂，只觉得挺高级、挺伟大、挺了不起的。

后来，我阴差阳错地上了体育大学，继承了父业，又懵懵懂懂地学了学校体育理论，以后，和关老师的联系就更加"专业化"了。到日本留学时，我请关老师在日本的杂志上介绍了中国的学校体育；回国后和关老师一起到祖国各地去指导、去讲学；我们一起参加团中央的"三代人的游戏"课题研究；一起参与基层学校的校本教材建设；一起著书立说，构建青少年体育教育的理论；一起参加各种体育咨询，为国家的体育发展献计献策；一起到电视台参加节目为学生体质增强而呼喊。和关老师的接触越来越多，就越是敬佩她，敬佩她把一生献给了她钟爱的青少年体育事业，献给了体育的游戏。

至今，她拄着拐和我一起去富阳，忍着疼痛给老师们讲课的样子我难以忘怀；至今，她缠着腰带去海宁指导体育游戏的活动的情景仍在眼前；至今，她那一本本精心粘贴的书稿让我汗颜；至今，她有些絮叨，但充满忧国忧民的话语还不时地回响在耳边。

她又岂止是为体育、为学生、为游戏、为教材奉献了自己的一生，她还奉献了她所有的书籍和财富，甚至包括她去世后的身体。

她很像她的名字，她的一生像槐花那样洁白无瑕，飘着清香，随着春风，带去春色，使人怡然、让人遐想；她聪慧灵秀，秀在工作、秀在文章、秀在气质、秀在精神、秀在人缘、秀在师表。

很想在这里就关阿姨的品格做一个总结，很想就她的一生做个评价，但写到这里时，我毅然地打消了这个愚蠢的念头，我突然发现我根本就没这个资格，也完全没有这个能力。我能为关老师、关阿姨的这本书写个小序已是我的荣幸、已是对我的巨大鞭策，更是对我的深刻教育。

话就此打住吧，不能多写了，再写就汗颜了，再写，就会自惭形秽了。

衷心祝贺关阿姨的这本书出版，祝敬爱的关阿姨、敬重的关老师身体健康，为中国的青少年体育事业再干几年、十几年、几十年！

关阿姨，加油！

原载于《关槐秀纪念集》，2014 年 7 月

春天又快来了，
而占春的人却走了

——沉痛悼念王占春老师

春天又快来了，而占春的人却走了，

他，一辈子以春为名，与春同在。

他出生在一个马年的早春，父母祈盼着他能占守住春天，

第二年，日本人来到他的家乡，那年的春天变得好冷。

十九岁的他，迎来了共和国的春天，那晴朗的天让人真喜欢，

使命，让他走上了学校体育管理的岗位，一个恰似春天的事业。

勤勉的他，开始恶补苏维埃式的革命教育理论，

从此，共和国学校体育的春之大地上，步步有着他的足迹。

1965 年的晚春，一场狂热的革命将热血澎湃的他抛回了寒冬，

与浩劫中的所有人一样，他困惑并愤怒着、

思想并觉醒着，忍耐并洗礼着。

开始步入中年的他，在一个回暖的春天又站在了学校体育的荒芜原野上，

理论与实践结合的力量，使他逐渐成为了中国学校体育的领袖。

壮年的他，几乎每年的春天都会操劳在体育课的不断改革里，

但他也困惑、矛盾、徘徊并升华在传统与改革的激烈冲撞之中。

晚年的他，遭遇了一次让他最不能理解的体育新课改，

于是他用呐喊大声地描绘着、呼唤着他心目中的体育之春。

暮年的他，让我们很少再能目睹耳闻那倔强的身躯和沙哑的声音，

但谁都知道，他没有忘记，也不可能忘记他耕耘了一辈子的那片春色。

终于有一天，在又一个马年的春天就要来临的时候，他悄然地走了，

他让这个即将来临的春天多了一丝忧伤：

眼看又一个好春天快来了，而那个叫作占春的人却走了。

他似乎还是那样倔强，倔强地离开了我们，倔强地走远了，

我们望着他倔强的背影，想大声对他说：

占春老师，您放心地走吧，我们会帮您守住春天的！

我们一定会为您守住

您耕耘、守望、忧患、牵挂了一辈子的，那中国学校体育的春天！

原载于《体育教学》，2014 年第 1 期

我永远怀念的老师
——吴承露先生

母校清华附中的 100 周年要到了，有关清华附中的信息多了起来，清华附中的校友们的来往也多了，已经有些淡忘的少年记忆被勾了起来，那些时常怀念的老师们的音容笑貌也频频地浮现了出来。那可亲的张宝鼎老师、那可爱的王文元老师、那可敬的王玉田老师……但有一个老师却是让我回忆得最多，回忆得最深的，那就是美术老师吴承露先生，对吴老师的回忆最多最深，那是因为：

吴承露老师，是和我少年的轻狂与自信联在一起的。1971 年的春天，我们体院家属的孩子根据"就近入学"原则进入了清华附中，第一次遇到满嘴喷着英语单词的清华附小的同学，我们集体陷入了自卑和惶恐。一小撮来自"朱房小学分校"的"土鳖"们被七零八落地分在各个班级之中，各自为战地满楼里追寻着不多的自信。还好，我找到了四楼西北角的那个大教室，那是美术组。我混了进去，还稀里糊涂地被任命为跨年级的美术组长，在那里，我与吴老师有了将近五年的师生缘。不久，我们的英语及其他科目的学习都追上了附小的同学们，我还加入了田径队，当上了校学生会宣传部长，按现在的话说就是不折不扣的"德智体美全面发展"！于是少年的轻狂来到了我的身上，终于，在我"政治表现"一栏中到处写满了"戒骄戒躁"的字眼。但在这少年轻狂里，其实有着正确的那一小部分，就是吴老师给我的少年自信。他让一个色弱的我自信地选择了绘画，记得当我把人脸上涂上好多绿色时，吴老师还鼓励我说："你的颜色很大胆。"

吴承露老师，是和我心中美好的世界联在一起的。最终，我因为色弱没能走上美术的道路，但吴老师给我的美育却让我享用终身，跟着吴老师，我才知道世界有多美好。记得，多少次写生，我们看到的只是那实在的山和水，画面只重视着构图的原则和透视的准确，我们追求着"像"，但却怎么也画不像，每次自己骂了自己声"真臭"后，回过头再看过吴老师的画，却总是让我们惊诧不已：远远的佛香阁被夸张成一片漂亮的湖蓝色调，前面的柳枝挂着几片五彩的残叶，肃穆的画面中有着些许俏皮，稳重的构图中带着灵动的妙趣；在满山红叶的玉泉山前，一辆刚刚走过的驴车被吴老师留在了画面上，于是"劳动的美"和"生活的趣"跃然纸上，这时，我们才顿悟"创造美好"原是美术的真谛。也曾记得吴老师和我们讲故事，说一个美术的朋友生了一对双胞胎的女儿，取名"群青"和"普兰"，真让我们顿开茅塞！我们才知取名也是美术，才知颜色还能衬托"颜色"，才知美无处不在，才知美的根源原来是智慧的联想！在四楼的那间大屋子里，吴老师的烟斗、吴老师的烟香、吴老师的画纸、吴老师的调色盘一起给予着我们美的教育和艺术的熏陶，就连吴老师那几乎永远不变的旧中山装，都给着我们一种朴素、低调、风范和长者之美。这些美的教育至今都启迪着我，伴我守望着美的世界。

吴承露老师，是和我忍辱负重的力量联在一起的。我和吴老师邂逅的年代正是祖国大动乱的时期，那时所有的知识分子都在忍辱负重，吴老师当然也不例外。在我的心目中吴老师是一个谨慎到惶恐的人，记忆中所有领导布置、同事交代的事情吴老师都会极其认真地完成，从无半点怨言；记得当时吴老师要做许多与画画有关和无关的事情：他曾给每个演"红色娘子军"的学生演员化妆、曾为"批林批孔"画漫画、曾为"反击右倾翻案风"出画册，甚至曾为校办工厂的仪器的表盘刻字。那时校办工厂生产了一批什么仪器，要吴老师和王如俊老师他们刻表盘上的字，那时吴老师不画画了，每天戴着套袖，拿着刻刀，不时抬抬眼镜，刻一刀，吹口气，刻一刀，再吹口气，像个老工人，看着吴老师那一刻一吹的背影，连少年的我都为吴老师叫屈："那双手可不是做这些的手呀！"但低头看看吴老师刻出来那工整漂亮的仿宋字时，我又感到一种伟大的力量沁满全身，那力量叫做"忍辱负重"，那力量叫做"吃亏是福"，那力量叫做"做每件事都要把它做好"，那力量叫做"坚持就是胜利"，那力量叫做"好人一生平安"。

吴承露老师，是和我心中的愧疚和遗憾联在一起的。想到吴老师，就立刻感到些许愧疚。记得上初二的下半学期，"北京体院业余体校"成立了，我被选入第一批体校的田径队员，当我征询吴老师的意见时，吴老师明确反对，他的话至今记得"跳远的人很多，你未必能成为第一，而学美术你却一定很杰出"，但少年无知的我只识眼前的荣光，还是选择了最不适合自己的田径训练。当我每天穿着漂亮的运动服在田径赛场上驰骋的那些年，我却和对我充满美术期待的吴老师渐行渐远。我隐约地感到了吴老师的失望，我心中焦虑，想同时把两件事都做好，但结果却是两件事都没有做好。毕业后，每次见到吴老师，他从不提我美术道路的半途而废，也几乎不问我后来的体育专业和学习情况，他只是拿出他最近得意的美术作品给我们看，真不知那时吴老师是拿我是当曾经的美术门徒，还是当个懂点美术的知音，还是当一个上过美术课的老学生，还仅仅就只是一个旁观者呢？此时的我心中就会更加愧疚无比，虽然我美术道路的中止还是因为天生的色弱（我曾在1978年考过北京师范学院的美术系，一路过关斩将一直到了体检的门槛），如果不是色弱，我真的可能也会像吴老师那样成为一个美术教师，但当年我在美术道路上的犹豫和吴老师那失望的表情，却永远会是留在我心中隐隐的痛楚。

吴承露老师，是和我一生的教师操守联在一起的。虽然我没有成为美术教师，但是却当了一名体育教师，而且还成为了"国家级高校教学名师"，不知九泉之下的吴老师知道了，会不会也给我点个赞。若说我当教师还算合格，都是与吴老师和其他清华附中的老师们的教育密切相连的：吴老师那总是鼓励而从不斥责的语言告诉我们什么是教师的爱心，吴老师那些励志的小故事告诉我们什么是教师的"教材"，吴老师那件旧但却干净整洁的中山装告诉我们什么是教师低调的仪容，吴老师那平静而善良的眼神告诉我们什么是教师内心的安宁，吴老师那"一刻一吹"的背影告诉我们什么是"吃亏是福"的真理，吴老师在严谨教学之余流露出的点滴幽默告诉我们什么是欢乐的教育……与吴老师过去的每一次接触、每一次写生、每一次交谈，吴老师每一个行为，每一句话都潜移默化在我当教师的言行之中，都成为我践行"学为人师、行为世范"的榜样，成为我至今时时奉行的教师德性与操守。

吴承露老师，还有所有清华附中的恩师们，你们是和我一生的自豪和骄傲联在一起的。站在清华附中100年周年的历史节点，站在那个我又熟悉又陌生的主楼面前，我在凝视、我在沉思、我在回忆、我在缅怀、我在感悟、我在骄傲、我在自豪、我在激动、我在沸腾，在我的眼前，走过了一个个伟大的教师身影，有吴承露老师、有万邦如老师、有张宝鼎老师、有王文元老师、有王玉田老师，还有许多许多的老师，他们给予了我知识、给予了我技能、给予了我灵感、给予了我榜样，更给予了我人生的力量。那人生的力量伴随着我漂洋过海异乡求学，伴随着我一步步地走过人世的崎岖小路，伴随着我翻越一个个学术的崇山峻岭，也伴随着我跨越一个接一个的人生的藩篱。

这就是我的母校，这就是我的老师，这就是 100 年的清华附中的伟大，这就是所有和我一样的清华附中学子心中永远的骄傲和自豪！

我爱你，我们爱你，清华附中。

2015 年 7 月为迎庆清华附中 100 周年华诞而写

悼念敬爱的何振梁先生

何老走了，我们最崇敬的何振梁先生永远地离开了，他离开了奉献一生的奥林匹克运动，他离开了为之奋斗终生的中国体育事业，他离开了所有热爱他的人，他也终于离开了无尽的忧患、委屈和不解；他化成了七色彩虹，他融入了五彩天空，他化蝶成奥运的五环，他飘进了那鲜红的五星红旗。

何老走了，他给我们留下了理想、托付了责任、诠释了教育、矫正了体育、言传了胸怀、身教了儒雅、示范了教养、展示了能力，他给我们留下了许多许多，他留下的巨大的精神财富和崇高的人生榜样，激励着后来人，让我们去学习、去思考、去仿效、去警戒、去面对、去忍耐、去疏放、去努力、去奋斗！

何老走了，我的手上似乎还留着最后一次在医院看他时与他握手的余温，记得他那时虽已严重半瘫，但他依然乐观并倔强地展示着他的腿依然能动，看着那只费了全身力气才仅仅移动了不足五厘米的腿，我强颜欢笑心中在流泪，那可是一双为了中国奥运走遍了全世界的腿呀，没有这双腿，哪有"无以伦比"的奥运在世上，没有这双腿哪有那"奥运三问"的完美答案！但是这双腿却永远地站不起来了，虽然何老在微笑，我知道他心中有多痛苦，他还有多少事要去做，有多少书要去写，有多少人要去见啊，他病得太快了，他躺下了，但真的心不甘呀！

何老走了，我的耳边还回想着他作为北师大体育与运动学院名誉院长，在学院面对我们全体教师的讲话："我不懂教育，也从未当过老师，但我知道好老师是什么样的，我心中也有着好教育的理想。"其实，谁都知道他才是最伟大的教育运动——奥林匹克——的领导者和改革者，他又曾给了多少莘莘学子以深刻的教育和人生的启迪，他是最好的老师，他践行着最伟大的教育，但是他却总是那样地谦虚，那样地虚怀若谷。

何老走了，在我的眼前，依然是清晰的与何老一起的生活场景，我们和他一起去江南讲学、和他一起欢度生日为他唱生日歌、和他一起庆祝北师大体育学科90周年华诞，和他一起为师大学子上体育文化课，和他一起畅谈教育和体育的发展前景，和他一起展望北京奥运会的伟大意义和注意事项，和他一起打高尔夫球，和他一起喝着咖啡谈论着相思豆，和何老在一起的时光，总是那样快乐、放松、有力量，我过去经常回忆回忆着就笑了，但今天我却难受地想哭。

何老走了，这几天我总忍不住看看放在我书架的那张何老的照片。与何老相识后，何老和梁老师每年都会给我们寄来他们的新照，现在摆放在我书柜里的照片是何老病倒前寄来的最后一张，照片上何老一副雍容富贵的绅士模样，肩上扛着把锄头，好像是在哪里体验生活后照的吧。何老、梁老相依站在田园里，那绿色的风光里的两个老人，让人看着觉得有何老的地方，生活都会变得那样的美好和安宁。

何老走了，今天，有好多好多的人去送他，好多好多的人都哭了，我从没见过那么多人一起放声大哭，我也从没见过这么多诸如"何老，广东人民永远热爱您""何老一路走好，浙江人民永远忘不了您"这样来自大众、发自内心的挽联。在您的身边，我看到了习主席送的花圈，何老，这就是人民和国家对您的肯定、对您的热爱。何老，您一生爱人民、爱国家、爱民族、爱体育、爱奥运、爱学生、爱同事、爱家人，而人民、国家、民族、体育、奥运、学生、同事、家人也爱您，过去，您把大爱给了我们，今天我们把热爱献给您！

何老，你放心地走吧。您放下那心中的担忧，您完全可以相信，今后的中国奥运一定会变得更文明、更健康、更和谐、更干净、更生机勃勃、更充满教育意义，您完全可以相信，习主席一定会带领着全国的体育人建立一个新的体育举国体制，让奥林匹克这场伟大的青少年教育运动在中国的大地上开出无比灿烂的花，相信在那灿烂的花丛中，我们一定又会见到您的笑脸！

敬爱的何振梁先生永垂不朽！

写于 2015 年 1 月 10 日并登载在《体育教学》杂志 2015 年第 1 期

30 年前的风华正茂，30 年后的人生感悟
30 年前的共同拥有，30 年后的精神家园

30 年前的一个金色九月，一群操着南腔北调的姑娘小伙，在北京体育学院南二楼前集合了。

大家都用心地穿上了现在看来土得掉渣儿，但当时却是很难买到的时髦运动装，个个挺直了腰板，脸上装出了有生以来可能从未有过的严肃矜持，但怎么看都挺做作的。大家一边集合着一边互相打量着，询问着，小伙子们悄悄地环视了一下四周，瞥了一眼那几个长得漂亮的女同学；而姑娘们也在和新伙伴聊得正欢的空隙，看了看那几个高大帅气的男生。新任的各班班长面部严肃、煞有其事地在清点着人数，整理着队伍，也同时接受着同学部下的审视和揣摩。大家和就近站着的同学套点小磁，拿点小劲，装着漫不经心地谈谈自己的运动经

历，搜肠刮肚地美化着自己的家乡，为的是在新同学的面前获得一份尊重和羡慕。几个在任何集体都会存在的调皮鬼在班长"立正"的口令后，依然在不知死地开着有些无聊的玩笑，旁边射来年级主任 W 老师狠狠的目光。集合以后，是体育系 Z 主任的首次训话，从中越反击战到反精神污染、从学校历史到生活纪律，听得大家似懂非懂的，讲的是什么到现在没人记得，只记得那个高大 Z 主任着实是挺吓人的……

我们 97 个人就这样邂逅了、相识了、站队了。从此，那个叫做南二楼的老房子成了我们的四年的家，以后，97 个人成为了"体育系 79 级"这个唯一编码的集体，我们用初涉社会的经验，用争强好胜的热血，用时代赋予的使命感，用情窦初开的儿女情长，用近似黑道的哥们义气，用真的算不得太高的智商，用迸发着荷尔蒙活力的肌肉，用初次见面的相互印象，开始孕育着多少的青春故事，铭刻着至今难以忘怀的大学记忆，堆积并凝结着 97 个人的共同拥有。

体操课上，我们看了看即将磨破的双手，毅然地再次跳上双杠；

游泳课上，我们摸摸喝饱了水的肚子，再次跃入冰凉游泳池中；

篮球课上，我们苦练技术战术，终于战胜了最不服气的他；

排球课上，我们传球垫球发球，球顺服地被"啪啪"扣过了网；

举重课上，我们挑战着新的重量，向同学显示我是最强的力士；

田径课上，我们跨栏跳高投铁饼，力争每个项目都不落后他人；

棒球课上，我们跟着个华侨老师，享受着有异国情调的运动；

解剖课上，我们捧着某个先人的棒骨，记忆着每个细小的沟回；

外语课上，我们强忍困意熬听天书，掂量着期末考试如何小抄；

心理课上，我们被枪声吓了一下，同时被心理学的奥妙紧紧吸引；

生理课上，我们爱听田老师的课，跟着他遨游在人体世界中；

体理课上，我们遇到许多知名先辈，才知道原来体育也是学问；

政治课上，我们轮流着昏昏地睡去，任口水流了一桌也绝不醒来；

实习课上，我们成了更好的兄弟姐妹，个别人还偷偷地成了夫妻；

……

那就是我们共同的拥有和共同的回忆，是那甜甜的回忆和永不会割舍的拥有。

30 年后的同一个金色九月，一群从全国各地奔来的大妈老汉，心里装满了 30 前的回忆，在北京体育大学 60 周年校庆的庆典上再次相聚了。

大家依然用心地穿上了得体的名牌服装，而且绝不是平常总穿的那些高仿水货。大家个个强挺着，绷直了腰板，肚子大的还一直在做着收腹提气的运动。每个人的脸上仍然是一片严肃和矜持，但却没有丁点的做作，因为那严肃矜持是岁月造就和成熟的豁达。大家见面互相努力辨认着，回忆着，亲热地问候着，当年的小伙子们依旧地环视了一下四周，瞥了一眼当年长得漂亮的女同学，暗自叹息："岁月无情啊，当年的美眉怎么也成了大妈的形象"，当年的姑娘们也瞥了瞥那几个当年的帅小伙，心中不免一阵苍凉："他怎么会变得这么老，当年暗恋的白马王子竟被无情岁月改变成了白发老翁。"但大家问候时却依然脱口而出"哎呀，你还是当年那样漂亮"，"嗯，你也基本没变嘛"，明显的言不由衷却也充满着暖暖的温情。

各班班长已全然没有当年"装"出来的严肃表情，但却依然问张三问李四，用一种新的方式在清点着自己的老部下。大家依然和老同学套着小磁，拿着小劲，悄悄地展示着自己事业的成就和家庭的幸福，为的是依旧能在老同学的面前多获得点尊重和羡慕。当年的几个调皮鬼依然是"本性难移"，用着流行的笑话和网络语言展示着自己的"闲云野鹤"的个性。年级主任的 W 老师早已经成为了腰缠亿贯的大服装商，面对当年的学生依然和蔼可亲、谆谆教导，Z 主任也早已退休，但依然带着当年的威严来到大家面前，使大家不免又回忆起当年那带有点惩罚性的思想教育运动，不免再偷着看看那个依旧有点吓人的高大领导……

体育系 79 级的老同学们就这样再次地相聚了，那个叫作南二楼的老房子更老了，也早就不是我们的家了，但是，今天 80 多位老同学却在母校用自己 30 年来的经历深刻地谈论着世界，展示着自己的"三观"。

30 年间，我们一直都在当老师，学为人师、行为世范；

30 年间，我们有他（她）的陪伴，更有可爱的宝宝；

30 年间，我们多次受到职称煎熬，求爷告奶蒙混过关；

30 年间，我们闯荡国外，吃着别人根本不知道的苦；

30 年间，我们当了大大小小干部，死要面子活受罪；

30 年间，我们经历了感情的变故，但从此会不离不弃；

30 年间，我们有了自己的学生，才知道当教师的伟大；

30 年间，我们曾几度贫穷，才悟到坚持就是胜利；

30 年间，我们曾与死神擦肩，才领会当好人就会平安；

30 年间，我们常怀念大学生活，遗憾从此再无那份纯甜；

30 年间，曾多次想起了那个他（她），对人生百感交集；

30 年间，也曾想起挺吓人的 W 和 Z 主任，但也很想流泪。

这也是我们的共同拥有，这个拥有充满着人生的力量。

今天我们相聚了，今天，我们用自己生活历程诠释着大学的财富和大学的精神，用依然残存着争强好胜的热血议论着我们为之奋斗一生的中国体育事业，用已经成为生命一部分的历史使命感议论着当下社会的改革和国家的梦想，用早已跨越男女情爱的深情厚谊叙说着对老师和同学的绵绵衷肠，用依然阳刚的哥们姐们情意，承诺着对老同学未来事业的帮助，也用这辈子一直没有多大长进的智商谈论着体育和教育中的那些怪事，用早就变成了"鸭肉"的肌肉，准备着再为国家的体育事业的发展做最后的贡献。

这次跨越 30 年的再相逢，总结了多少青春的故事，飘荡着多少尘封的记忆，铭记了多少这有着特殊缘分的 97 人的共同拥有。

虽然我们老了，但珍贵的同窗情意永远不老，虽然我们分离了，但我们心中那个共同拥有却永不分离，虽然我们不再英姿焕发，但我们追求人生价值的动力永远蓬勃，虽然我们已不在体院体育系了，但那个南二楼却是我们 97 个人的永远的精神家园。

天若有情天亦老，人间正道是沧桑。今天，我们 97 个人，此时此刻，共同吸允着来自同窗的"心灵鸡汤"，共同接受来自同学的"精神乳汁"，共同向对方传递着面对生活的正能量。然后，我们将其化作人生的无尽力量，朝着我们人生更加灿烂的未来，继续向前、永远向前。

这就是我们 97 个人在今天的铮铮誓言。

2013 年 9 月 26 日代表北京体育学院体育系 79 级全体同学而写

北体，我的家

一、"北体，那是我的家"

当拨通毛振明老师的电话时，他那具有亲和力的声音就首先感染了我，他说他非常高兴接受采访并非常亲切而满怀深情地讲述了他的北体情怀，也简述了他富有戏剧性的人生故事。谈话中，他强调的最多的是："我与北体的缘分跟其他校友很不一样，因为其他校友是学习在北体，而我是成长在北体。"毛振明说他从小就生活在北体一草一木之中，他守望过绝大部分的北体建筑物的拔地而起，经历和旁观了几乎北体所有的重要的历史事件，也熟悉每一位北体缔造者的身影，他熟悉北体的每一寸土地，熟悉各个场馆的器材，他从小呛着"红色游泳池"的水，听着北体周围稻田里的蛙鸣，攀着家属区院里的枣树，嚼着员工食堂的美味的饭菜长大。他是一边怀念着校园里河沟中的小鱼和冬天校园里的野兔，一边和我讲述着北体的母校生活的。毛振明带着他今天的辉煌成就重新回到他童年和学生时代时，他对北体仍然很动情和深情、感动和感恩，北体的岁月，在毛振明的记忆中，就像圆明园荷塘中的荷花，就像小清河中清澈见底的河水，风一吹，就现出了美丽，就起了涟漪，就清晰地浮现了出来。

"我跟北体大的缘分不是因为上学，是因为成长……"毛振明的父亲也是北体大的教师，是建立中央体育学院的开拓者，是中国有名的体操专家毛学信。因此，毛振明从小就成长在北体大的校园里，北体对于毛振明老师来说，它不仅仅是母校，而是故乡，是家，还是他的第一个工作单位。

1976 年 7 月，毛振明清华附中高中毕业后，为了照顾都是病人的家庭，放弃了在当时无比难得的宣传干事和美工等工作，在北体的员工食堂当了一名炊事员。即便当时这也是一个不被人看得起的职业，但毛振明说，他从这个工作中学到很多，也历练了很多，半年以后，毛振明又被调到伙食科当了会计，一年以后又被调到教务处的教材科去刻蜡板、画插图。1977 年国家恢复了高考，但当时北体没有批准毛振明参加 77 年高考，于是与 77 级第一批大学生失之交臂；1978 年，他终于被批准参加高考，但学校把考北体作为先决的条件，在录取时又因为国家有照顾下乡知青的政策，毛振明被从高分上刷下还没能圆了大学的梦；1979 年，他在边工作边努力复习的一年之后，又一次参加了高考，并取得了超过文科录取线近 60 分、超过北京大学录取线 30 多分的优异成绩，当时他完全可以选择北大、人大、北师大等多个大学的好专业求学，但是，为了照顾家里半瘫着的父亲，也为了响应北体当年要招高分体育学生的强烈请求，可能也是冥冥之中他与故乡北体的缘分使然，毛振明还是最终成为了北京体育学院体育系的一名学生。

二、"北体，那是我的母校"

虽然毛振明上了北京体育学院，但是心里仍然有着不少的遗憾和不甘。每每在掷铅球、练体操时，一想到其他的高中同学们都在文理科的大学里学习着各种专业的知识，心里就很不是滋味。因为那时他对体育教育的意义还认识不清，他仍然渴望能多学习一些真本领为国效力，所以他从上大学的第一天就为自己立了一个新的目标："一年以后就考研究生"，因为在当时，研究生和本科生是可以同时报考的，也是可以提前考的，他开始努力学习外语，提前学习考试所需要的知识。但是，一年以后，国家改了政策，要求必须学习四年以后才可以报考研究生，尽早上研究生的梦破碎以后，他十分失望，但此时他已经逐渐地喜欢了他的班集体，喜欢了他的同学们，喜欢了充满活力的体育学习，找回了当年在体校经历过的训练、劳累、洗澡、放松、强健的体育生活节奏，他的内心慢慢地平复下来，他开始对体育和体育的教育有了由衷的认可，也更深刻地感受到体育中的科学和知识的力量，他慢慢地喜欢上了体育，也作为一个学生喜欢上了作为学校的北体。

以后，在大学四年里，毛振明不仅在体育专业上修养身心，更是在学习上用心刻苦。他当时有空就看书，走路也记单词的形象至今还有许多人记得。毕业时，他的总成绩在体育系79级的同学中数一数二，随着毕业，他也终于可以报考向往已久的研究生了。由于四年里的刻苦学习，他的英语词汇量达到了8500个以上，甚至在私人的比试中超过了上海外院的英语专业学生，最终他以5门科目408分，平均81分多的破纪录的分数考取了教育部的出国研究生，为此当时的北体的研究生部还专门发了消息。毛振明圆了他四年前的梦，但这个梦已不像四年前那样扁平、苍白和空洞，此时毛振明的梦已和国家的体育强国之梦合为一体了。

三、"北体，那是我的港湾"

在去日本留学之前，中国的学生们要集体学习日语，这对于日语全是零基础的每个同学来说，无疑都是一次艰苦的挑战，因为半年后，他们就要用这里的学习成果去国外进行专业学习了，可能是北体人的精神力量支撑着，毛振明居然在与全国最名牌大学的佼佼者的学习竞争中，取得了好的成绩，最后他得到了日本文部省的奖学金支持。

"那时，出国留学的人很少，都是苦学生，但我们都很努力，都很爱国，没有一个人愿意给自己的国家丢脸，虽然我们的生活很苦，我们穿的衣服很旧、很难看……"

毛振明作为当时让人羡慕的幸运儿，他怀揣着憧憬，肩负着责任，掩饰着心虚，手拎着装满包括菜刀和胡椒面这样生活用品及书籍的行李箱踏上长达 7 年的留学和工作历程。刚到日本，他和他的同学们两眼一抹黑，手里只有国家给的 6 万日元奖学金，于是每个同学都各自过起了近似"赤贫"的生活，便宜的鸡皮、鸡架成为了他们的主要蛋白来源，家里的电器也大都是日本导师家淘汰的东西，更有一些是垃圾场里捡来的。

生活的寂寞和艰辛还是次要的，更重要的是学习的艰苦，在日语还不太好、英语又基本用不上的语言条件下准备大学院（研究生）的考试，真让人喘不过气来了，毛振明曾暗自祈盼那时能大病一场，然后就名正言顺地、理所应当地回到祖国，回到温暖的北体家中，回到父亲和兄长的庇护下，过一个平凡和安定的日子，但是，当他回想起那个送他出国和盼他争光的国家、母校和亲人时，他又会为这个懦夫般的意识而羞耻。毛振明说："我们那时的留学生都很爱国，虽然国外生活挺艰苦，个人穿戴很老式和单调，但学习和报国的思想却很浓烈……"就是这种强大的学习动力和报效祖国的情怀使他击败了眼前一个一个的挫折和困难，他以第一名的成绩考上了硕士，用日语完成了 300 页的修士论文，之后以令日本导师咋舌的成绩考入博士课程，以后又在重重阻力之下完成了博士论文并按时拿到了教育哲学的博士学位，而当年能按时拿到博士学位的应届毕业生仅有 7%，而他却成为了在整个西日本地区拿到体育专业教育学博士的第一个应届毕业生，无论是日本人还是外国人，《广岛新闻》和《中国新闻》都纷纷予以报道。毛振明说：在留学的 5 年半之中，北体一直是他的心灵港湾：他赖以学习的基础是北体的教材，他在日本接待的师长是北体的教师，他写的文章在北体的《中国学校体育》上发表，途中回国带日本朋友访问也是自己的母校北体，而更多的是他在日本收到和寄出的每一封家书的地址中都有北京体育学院的字样，每一个珍贵的越洋电话也是往返在日本和北体之间……北体，对于身处海外的毛振明来说，那是一个可以抚慰心灵的名字，是一个魂牵梦绕的精神家园。

四、"北体，那是我的动力"

1991 年 12 月份，毛振明在日本中京女子大学工作和进行博士后研究一年半以后，回到祖国，他在国家教委，也就是现在的教育部的体卫司当了科长，后来又当了主持工作的副处长。他在国家教委就职的这 5 年，跟着那里的先辈们做了许多的事，学了许多的东西，用毛振明的话说："在国家体育教育领域上做出了很多大事，长了许多见识，如农村学校体育发展的推进、推进中考体育工作、修订《体育教学大纲》、制定《大中小学体育合作标准》、主编中专职高体育教材、编制两类体育课程计划、举办大学生运动会科报会，等等。"在教育部的那 5 年，让他获益颇多，在教育部工作眼光可以纵览全国，可以看到整个国家的教育和学校体育的发展，他从中吸取了诸多的经验，并开始形成了自己具有中西成分的独特的学校体育理念。

不知是因为内心的教师情节，还是去教育部前只干 5 年的预言，还是首都体育学院孙民治院长每天晚上电话的感动，五年后，毛振明来到了首都体育学院工作，他从一个机关的处长变成了一个高校的讲师，但是，毛振明转化角色能力很强，当年就评上了副教授，第二年又破格评上了正教授，这样的职称晋升速度在当时的教育界里应该都是没有先例的。接下来几年，他一边认真地干着行政的工作，一边以每年发表十几篇论文、出版两三本书的速度在学术界里遨游着，毛振明说：在首体那些年是最舒服、最轻松、最像教师、最能潜心做研究的几年，在首体他开始带硕士研究生，成为博士研究生导师。教室里他是严谨的专业教师，校园里他是同学们的人生导师，而在校外活动中他则是同学们的厨师和游戏同伴，他的学生将他严谨的学术风格带到了自己的岗位，也将他"吃亏是福"处世哲学渗透到了心灵。毛振明在首体尽情地享受着教师这个职业的乐趣，桃李遍天下的生活让他无比充实。

2002年，在北京师范大学校方的强烈邀请下，毛振明调到了北京师范大学，人生的轨迹奇妙地让他回到父母的母校任职，他怀着对父母母校的敬畏，也怀着为北京师范大学体育学科发展做一己贡献的志愿，他来到了母校的母校北师大，并成为了体育与运动学院的首任院长一直至今，在北师大，他在近乎白手起家、从头干起的条件下，将北师大的体育学科发展到在师大的各种学科排名都位居前十左右，他本人也成为了国家级教学成果奖获得者、国家级精品课程主持人、国家级教学团队领头人、北京市优秀教师、北京市名师、国家级名师以及宝钢优秀教师奖特等奖得主。

五、"北体，那是我永远的骄傲"

"北体大养育了我们家的三代人，她就像一个慈母，给予了我知识和能力、给予了我专业和职业、给予了我强健的体魄和技能，也给予了我毅力与勇气，更给予了我可能只有北体人才独有的气质和精神……"

听着毛振明老师的叙述，感觉到他非常感谢这个母校，他说："我今天的一切的成就，都离不开母校的培养，没有母校给我体育知识的启蒙，没有给予我的锻炼，没有母校把我送到国外去学习，今天我将是另外一个人。"

听着毛振明老师的叙述，感觉他对北体充满着深情，在他清晰地回忆起北体的那些大事件和大人物时，当他如数家珍地说出20世纪北体周边一草一木，一沟一坎的时候，在他崇敬地说起每位北体创业者的名字时，在重新记起他的北体老师对他的教诲时，我感到他的童年和青春的记忆以及一切的情感都与北体相连。

听着毛振明老师的叙述，感觉他以北体为骄傲，他说："我们的母校经过 60 年的发展已经从一个荒凉的地方，变成了中国唯一一所'211'的体育大学，北京体育大学一步一步发展，现在她很现代，有了更多的学科，也有了更多的人才，北京体育大学的发展，也是新中国成长的缩影。"

毛振明说道："北京体育大学成长至今，形成了她的优势，第一，她有被国家体育事业所赋予的特定的地位，从中央体育学院到第一所体育大学使她处于中国体育教育的高地；第二，在于其特殊的地理位置，她地处北京的众多高等学府之中，使得她处于一个文化的高地；第三，在于她的先辈们，像钟师统、赵斌、宋君复、徐英超以及不可尽数的超一流老学者，群星璀璨，使北体处于优秀传统的高地；而北体打破世界纪录、众多的奥运冠军的英才以及在国家队执教的众多北体教练、管理者队伍又使北体处在中国竞技体育成就的高地。"

"老一代北体人很值得我们好好学习，他们文武双全、神形兼备、内外兼修、德艺双馨，他们技能是全国冠军、他们文章堪称大学问，他们忠诚、老实、谨慎，淡泊名利，宁静致远，而且就是字也写得好。他们是真正的体育人的形象，他们是北京体育大学的永远的精神财富，也是全体体育人的见贤思齐的好榜样，当然，更是我永远的榜样和骄傲。"

说到对母校北体的期望，毛振明老师说："北京体育大学应该深入总结北体精神，凝练北体校训，注重内涵发展，进行精英教育。作为中国最早的中央体育大学，北体发展要保证质量，保持高度，在教育精神上和学术专业上都能达到更高的水平。我作为母校的普通学子，我衷心地预祝她在未来的岁月里能更好更快地发展。"

为迎庆北体大 60 周年华诞于 2013 年 5 月与北体学生记者合写，
登载在《优秀校友集》中

民族传统体育的
百花园与小花朵

——写给北京瑞祥民族小学

中华民族传统体育，世界体育文化大家园中的一朵奇葩。它是一个与世界现代体育项目的足球、武道、体操、舞蹈、技巧、保龄球、高尔夫、马术、冰上舞蹈等有着深刻的渊源和重要启迪的中国人的智慧和创造，它是一个以灵动和竞争的形式最终脱胎于传统的军事、宗教、生产、生活等社会活动的中国优美文化，它是刻画着世世代代中国人民对美好生活的无限憧憬和永恒希冀的美好画面，它是贯穿着中庸和温良恭俭让哲学理念和积极乐观幽默之生活态度的中国人气质脉络，它还是中国的各个氏族社会团体联络感情、团结族人、振奋士气的润滑液和凝固剂，当然它更是中国人培养后人、启迪后人、陶冶后人、锻炼后人的鲜活教本和鲜活教法。

在今天，传承、重振与发展中华民族传统

体育，具有着伟大历史意义和深刻的现实意义，因为中华民族传统体育已经成为中国体育文化乃至中国文化，乃至儒教圈文化，乃至东方文化的一个标志和象征。对中华民族传统体育的传承就是对中国文化的传承、重振与发展，就是对世界体育文化乃至世界文化的具体的和巨大的贡献，因为越是中国的就越是世界的；对中华民族传统体育的传承就是对中国文化的传承、重振与发展，更是实现中华民族伟大复兴、成就"中国梦想"的必由之路和成功标志之一，因为，我们要让优秀的中华民族传统体育文化也成为世界人民都敬仰和崇拜的文化遗产，就像我们的儒教、我们的太极、我们的中庸、我们的唐诗、我们的宋词、我们的本草、我们的兵法那样。

但是，对中华民族传统体育的传承、重振与发展却并非易事，中华民族传统体育的传承、重振与发展至少面临以下的困境。

1.中华民族传统体育起源于久远前的贫穷年代，它朴素、简单、短小，与现代体育的华丽、体系化、系列化的特征不相吻合，因此难以直接进入现代竞技体育的体系，也难以感召当代的青少年。另外，中华民族传统体育中蕴含中国人温和性格特征和思想认识，它更强调欢聚本身，强调友谊第一、比赛第二，因此它在比赛的开发和规则的严谨方面都不如现代竞技体育运动项目，所以它在成为大众竞赛方面似乎有着某种天然的缺陷。中华民族传统体育的太土气、不好玩、没技术、少比赛已经成为它被传承、被重振、被喜爱、被从事的一堵大墙。

2.中华武术，无疑是中华民族传统体育百花园中内容最丰厚、技术含量最高、历史最悠久、从事人口最多、实用性最强、国际影响最大、离奥运赛场最近的那一朵奇葩。但它的一花独秀、无人能出左右的傲娇却严重地影响了其他中华民族传统体育的被关注、被传承和被发展，真可谓"一叶障目"。

3.一心一意地致力于中华民族传统体育的人群太少太少，固然，中

国有国家民委和国家体育总局的领导在关心、在努力着，先不说在奥运
战略和民族地区"维稳"这样的大势之下，这样的关心和努力是不是一
种类似脉冲式的和具有政治任务性的工作，就说如果没有广大民众的共
同努力，只靠运动式的推动，传承中华民族传统体育文化可能也只能是
脉冲性的和政治突击性的了。如果中华民族传统体育文化的传承，没有
"传承责任人"、没有"人间国宝"、没有"传承责任单位"和"传承基地"，
而只有"义工""志愿者""热心人"和"民族自爱"，传承能否100%，
发展能否有力是可想而知的了。

4. 传承与发展中华民族传统体育的战略和战术不在。何为传承、何
为发展？传承什么、发展什么？为什么传承、向哪里发展？扬弃什么、
如何扬弃？这些问题还非常非常缺乏讨论。看到很多中华民族传统体育
的活动展示，感觉好像照原来的做就是传承，穿上更漂亮的衣服、使用
更精致的器具就是发展。那么，严谨规则呢、内在文化呢、健身内涵呢、
技术含量呢、激烈竞赛呢、独特号子呢、特色分组呢、行为教育呢？却
见到的不多、感受的很少。

2016年秋天，作为全国学校体育联盟（教学改革）的秋季展示现场
的一部分，在北京瑞祥民族小学的校园里，来自北京的9所民族学校向
来自全国的几百名校长和教师进行了一场中华民族传统体育教学实践的
大汇演、大展示，这也是传承和发展中华民族传统体育的一次大探讨和
大推进。今天，展示的场面变成了画册，学校的研究变成了经验，民族
传统体育的责任心变成了历史的驿站，老师们的爱心也变成了孩子们永
不褪去的笑脸。

我衷心地祝贺这个画册的出版，我支持这些可贵的研究。我希望这
样的经验越来越多，我希望传承对中华民族传统体育的责任心能通过这
样的工作在祖国大地上迅速地扩展开来，我希望中国人能有对中国文化
和学生体质健康更加浓厚的爱心，我更希望中华民族传统体育发展道路

上的成功驿站越来越多。当然，我最希望的是，今后我们大家能看到更多更多的孩子们，在享受中华民族传统体育运动时，那挂满汗水、充满幸福的笑脸！

祝贺画册的出版，感谢各个实验学校的工作和努力。

原载于《民族传统体育画册》，2016 年 4 月 24 日

附中体育，一生回忆

听说附中的校友们要开运动会了，听到消息的瞬间，视觉、听觉、触觉和思绪就立即起飞了，飞越了45年，飞到了20世纪70年代初清华附中那个煤渣操场上……

视觉：那个操场，在今天看来，顶多算个破操场，甚至就是块破空地。稀稀拉拉的一些杂草和坑坑洼洼的跑道，东南角宿舍楼的一些爬绳、单杠、双杠，西南角的篮球场，北面两侧的几组肋木和场内的两个足球门都证明着这个操场的名分，靠北侧的中央有个领操台，那是这个操场的制高点，记忆中，只有革委会主任和体育教师才有资格经常登上这个制高点，手上提个小喇叭，挺威风的。

听觉：耳边似乎又想起今天依然可以听到的《运动员进行曲》，和已经听不到的那高声略带嘶哑的"锻炼身体、保卫祖国；锻炼身体、建设祖国""发展体育运动、增强人民体质"的口号声，还有断续的砸炮枪响和"加油"的喊声，这一切的声响混合成那个年代特有的嘈杂和热闹。

触觉：那个年代决定了当时的触觉多是生硬的和冰冷的，生硬的地面、生硬的跑鞋钉、僵硬的服装、粗硬的沙坑、冰冷的单杠双杠、冰凉的水管和冰凉的自来水，还有冰冷的桌椅，物质的冰冷生硬和精神的火红热烈有些相映成趣。

思维：回忆那个年代的思维无疑是矛盾的和错乱的，说那个年代贫穷但又充盈和充实，说那个年代生硬但却充满柔情和浪漫，说那个年代很冰冷但却到处热情奔放、激情四射，说那个年代很劳累却人人朝气蓬勃，说那个年代"读书无用"却是学子莘莘全面发展，说那个操场很破旧但让人深感温馨无比留恋，说那时人都吃不饱穿不暖却身轻如燕，健步如飞，说那个年代已经久远，但却让我们感觉恰似昨天。说那个年代的人已经老去，但在我们心中，却觉得所有同学都"革命人永远似年轻"……

带着那个年代的视觉、听觉、触觉和思维，让我们回到阔别45余年的操场，振奋起当年的不服输精神、重拾起那不怕苦不怕累的意志，忘掉"老炮"的今天，捡起"愤青"的当年，不管高血压、忘掉胰岛素、绑上护腰带、摸摸救心丸，然后义无反顾地再次穿上跑鞋、系好鞋带，毅然地再次踏上跑道，然后，"各就位""预备"，一声枪响后，就朝着那终点线——

奔跑吧，兄弟！

初中 717 班、高中 711 班　毛振明
原载于清华附中的校友运动会文集，写于 2016 年 5 月 1 日

圆山和夫先生退官感言

获悉圆山先生今年退官，感想颇多。

我和圆山先生的相识大约是 20 年前的 1996 年，那一年我从中国的教育部调到首都体育学院工作，而圆山先生也从日本的文部省调到了北海道教育大学工作，我和圆山先生算是弃官从教的"志同道合"之人吧。我们研究的问题也很一致，就是中日两国的学校体育。

以后与圆山先生有了许多的交往，1996 年中国重庆的中日学校体育研讨会、1997 年的北海道之行、2005 年的中国学校体育代表团访问京都等，一幕幕，闪现眼前，但一切历史的景象都闪去之后，总是留下圆山先生那张微笑的脸，那永远都谦虚有礼的话语，还有圆山先生对中国和中国朋友们的友好。

还记得和圆山先生在北海道同居一室的把酒言欢，曾记得在圆山先生家与圆山夫人一起包正宗的中国饺子；还记得和圆山先生在露天的浴池里撑着伞洗澡聊天，也记得先生拿着"成蹊"的条幅和中国学校体育代表团的各位一起品味东方儒教文化。

手头放着一本《日本学校体育关键词100例》，这是我和圆山先生共同构想的为中国学校体育同仁了解日本学校体育理论与实践，促进中日学校体育理论与实践交流的一本很有特色的著作，书出来后，有了很大的反响，出书时正是中国体育课程改革最快的时期，其中的一些理论和实践影响了中国的学校体育。

圆山先生退官了，我今年也59岁了，很快也会从北京师范大学体育与运动学院院长的岗位上退下来，然后安心地研究中国的学校体育理论与实践。我和圆山先生相识相亲的20年就这么在各自的忙忙碌碌中飞快地过去了，此时若相见，我想，我们肯定都会从对方的容颜上读到岁月的流逝，也会感悟到人生的短暂和匆忙，但我相信，当圆山先生回顾自己的学术人生时，一定也会体会到人生的坚实和意义，一定会体会到人生的温暖和幸福，但愿圆山先生那坚实和意义、温暖和幸福之中，有我和他的那一幕幕的交往。

按中国人的说法，圆山先生的退官应该是"光荣退休"了，过去许多中国人的客厅中央都会挂一个"光荣退休"的镜框，这段小文算是我送给圆山先生的一个"祝光荣退休"的镜框吧。圆山先生，您辛苦了！

衷心祝愿圆山先生退官后的生活快乐、家庭幸福！

同时祝福中日学校体育同仁们的交流源远流长！

更祝中日两国世代友好，互相扶持，共同发展！

2016年2月为日本朋友圆山和夫先生退官纪念册而作

换届发言

各位领导、各位老师、各位同仁：

今天，我在这里向大家做我第三届院长工作的述职，也对 2015 年的工作进行一下总结，同时还对我来到北师大后 13 年半的工作做一个回顾。

今天，我没有采用过去我常用的那种用 PPT 罗列讲解工作、成绩和不足的方式进行总结，主要是我认为那种形式虽能把工作说清楚，把功绩摆明白，但不足以反映自己此时的心境，不能充分表达对大家的情感，另外，更觉得这最后一次的述职已经没有了那个必要。

因为，我们学院过去的那 13 年、过去的 6 年，以及刚刚过去的 2015 年所取得的一条条成绩，都是在座的同志们一把汗、一把泪实干出来的，这些成绩真的不用我一一地娓娓道来。因为，这些成绩就闪烁在我们身后那一个个金色的奖杯中，就凝聚在我们书柜中那一本本的著作里，就辉映在那周围墙上的一幅幅毕业照片上，更镌刻在我面前、我身边许多同事那一张张青春不再的面庞中和皱纹里。

还清楚地记得，2002年5月的一天，当我第一次来到科技楼北楼10层的老体育系的会议室时，当我不断挪动着那杂乱的椅子好不容易落座在一个左右摇晃的破桌子前，我几乎打消了来北师大工作的念头。但是，我最后还是来了，因为北师大是我父母的母校，北师大也是我母校北体大的母亲，因为北师大是袁敦礼、吴蕴瑞、董守义、徐英超、宋君复等先辈们工作过的地方，当然她也是我曾经魂牵梦系的体育理论学术殿堂。

然后，我们和大家一起建起了北师大有史以来的第一个体育学院，我们大家共同开始了再筑北师大体育学科辉煌的征程，我们大家高歌猛进，攻城拔寨，取得一个又一个的好成绩：

我们终于把全国已排名第43的体育教育专业办回成了全国第一；

我们把仅有两个硕士点的体育学科办成一级学科博士授权点；

我们成功增设了运动训练学和体育经济学两个新专业，设立后排名直线上升；

我们提前申请就一举拿下博士后流动站并迅速扩大到一级学科；

我们体育一级学科的排名稳步向前，已在同类院校中排名前五；

我们从没有国家级的教学奖励直至囊括所有国家级的教学工程奖项；

我们从只有七八名的硕士教师到现在只有七八名教师不是硕士；

我们从没有一个有博士学位的教师，到今天有了21名博士学位教师，达到教师总数的近40%；

我们从全院只有3名正教授到有了19名正教授，超过全校的比例；

我们从只有8名硕士生导师到今天有了18名博士生导师；

我们从只有一项省部级课题到课题多得几乎无人再能申报课题；

我们的工作经费和科研经费13年间增长了近100倍；

我们参加了学校的"211"和"985"工程，既圆满地完成了学校的任务，也强大了自己的体育学科；

我们的高水平运动队从女足的一枝独秀到"多朵红花多片绿叶"；

我们的女足一举拿下世界大学生运动会的冠军，让全校师生振奋欢呼；

我们的女篮掀翻了天财的"八连冠"，独领CUBA风骚整整5年；

我们的女橄在国际比赛中佳绩连连，北师大也坐定了全国大橄协主席的位置；

我们的田径队在困境中拼搏，全国大学生田径比赛中占着高地；

我们的健美操和艺术体操队无论是在全国的赛场，还是在汶川灾区的爱心传递活动中都是好样的；

我们的公体群体工作在北京市的表彰中曾囊括所有奖项，独占鳌头；

我们的人体科学实验室从200平米和5万资产到超过500平米和近千万资产，为我院的自然科学研究的发展打下坚实基础；

我们终于完成先辈们怀在心里50年的夙愿，协助学校调研、设计建设了邱季端综合体育馆；

我们启动了"和谐校园、全民健身"系列工程，为北师大全校师生的身心健康做出了我们体育人的贡献；

我们为学校管理体育场馆，多少教职工为场馆的高效使用和安全整洁放弃假日、彻夜坚守；

我们之中走出了国家名师、北京名师，也走出了3名"北师大十佳教师"；

我们之中走出了"感动师大"的两个学生集体和三名体育学生；

我们的教师队伍中多了11个运动健将，并有了郎平、陈一冰这样的教师；

我们在北京奥运会的各项工作中做出了卓越贡献，获得了无数的表彰；

我们为北京文化发展研究院、为中国教育政策研究院、为中国基础教育监测协同创新中心、为北师大校园足球发展研究中心、为郎平体育管理与政策研究中心等平台的建立和工作做出贡献；也为"高精尖""高参小"等做出了体育学科的贡献。

我们参加了这些年所有的党中央国务院关于学校体育的文件、规定、标准的起草和讨论，参与相关领导关于学校体育的讲话的起草，起到了中国学校体育政策智囊的作用。

我们曾向"两会"提交过四份提案，一份提案被民进中央评为优秀提案；

我们团队互相关怀、互相爱护、互相帮助、互相取暖，无论是在学习的路上，还是在联欢的会上，都曾响遍我们的笑声、歌声，我们一直是有爱的集体。

我们曾被董校长夸赞：这些年体育学科就像个"弹簧"，发展迅速！

我们曾被刘书记夸奖：体育与运动学院的老师和学生是好样的，向你们致敬！

我们的体育工作在四季厅的30块展板中占了两块，受到习近平总书记检阅。

当然，我们也有两位战友在征程中，刚过天命之年就猝然倒地，早早离开我们；我们还有数名战友现在身带着重伤，但依然和我们并肩战斗。

2002年，我来到北师大时，我现在身边的、眼前的战友们还都像小伙子、小姑娘，他们青春洋溢，活力四射，但今天，他们已都明显老去，甚至是面带倦色，风霜历历，那是因为我们把自己的青春和活力都献给了体育与运动学院的发展，献给了百年体育学科的延绵，那是因为我们燃烧了我们自己。

这，就是我们过去的13年，这13年我们总体的势态是：攻城拔寨，拓疆掠地，一往向前。但是，在过去的几年中，我们也深深地感到了登上高地后再爬坡的艰难，感到了"发展高原期"中再前进的疲惫，学院的学科发展在完成了初级阶段的大飞跃后，开始遭遇可持续发展的难题，难题一是我们的队伍失去了"人口红利"，学科带头人老年化的特征和队伍青黄不接的尴尬同时显现；难题二是教学工作量的严重超负荷使我们常常在其他多头战线上应接不暇，无心恋战；难题三是我们遭遇"中游学科"的窘迫，体育学科的背后少了对弱势学科的支持和从没有对优势学科的奖励；难题四是改革的创意和完善的空间越来越少，有创意的改革越来越难；难题五是同志们不知不觉中有了对发展后的满足和对成绩的审美疲劳；难题六是我们依然在教学、科研两大基本矛盾中左右为难，甚至是顾此失彼；难题七是在人才培养、学科建设、社会服务、运动训练、政府资讯、北京贡献、国家体育等方面拉的战线过长、布局过多，导致许多忙乱和肤浅；难题八是重大科研任务、平台的布局不够和重大成果和奖项的催化不利而使学科的特点不够鲜明。虽然说，这些问题都是在阶段发展后的必然的、前进中的问题，但都有我作为院长的那一份不可推卸的责任。

就这样，在总结和反思中，我迎来了换届，我心中有骄傲、有满足、有遗憾，也有许多不安。

岁月如梭，烟云过目，北师大的体育学科在我们的奋斗中不知不觉地走到她100周年华诞的面前，我们大家一起建立的体育与运动学院来到了她15周岁生日的面前。面对北师大体育学科的百年华诞，面对中国体育师范教育的百年华诞，我今天在这里的总结虽有骄傲但不敢有一丝的炫耀，虽有自豪但不敢有一毫的自满，我们所有的微小的成就在无数师大体育先贤面前，它只不过是一份忐忑不安的答卷，我们15年的奋斗历程，也不过是师大体育学科百年伟大发展中那步履蹒跚的一小步。

但，我在这里，依然要向这13年和我一起奋斗过的同志们致敬，向你们表示感谢，也为你们的成绩喝彩。无论我们的工作还有怎样的不足，怎样的缺憾，甚至是怎样的错误，但我知道在座的每一位院领导、每一位老师、每一位员工，你们都尽力了，当然在这其中，我也可以无愧地说，我尽力了。

2016年1月1日的早上，当我醒来时，我真切地感到了在这13年中，我从未有过的轻松和从未有过的快活。我也立刻追问自己这轻松快活来自哪里？反思那是不是一种不负责任的思绪，是不是一种半途而废的逃避，是不是意志消沉的心境，是不是懈怠事业的沉沦，但认真反省过后确认不是，我的这份轻松来自我对自己领导能力不足的认知，来自我对13年工作缺憾的反省，来自我对专心进行学术冲刺的向往，来自我想更多地去和基层老师一起搞好学校体育的冲动，来自我对未来院领导班子会更加卓越的期待，更来自对后来人一定会带着大家能把体育学科建设得更加辉煌的信心，当然也来自我对家人的许多愧疚，来自每个人都有的对幸福生活的憧憬。

我把接力棒交给了未来，我相信未来一定更好！

此时，我衷心地感谢13年来全院同志对我的接纳、信任、帮助、指点和支持，感谢院班子每一位同志与我肝胆相照的合作与协同，更感谢所有的同志们对我13年中的许多缺点不足的包容和忍耐。如果过去我工作中存在着一些不冷静、不细致、不耐心、不留情面、不通融、不客气、不含蓄、不够周全的话，那也请你们权当是我对兄弟姐妹们的一种真心和赤诚，因为我真的很爱你们。再一次衷心地谢谢大家，感谢全院的同志们，感谢各位兄弟姐妹们。

最后，衷心地祝愿我们大家的体育与运动学院明天会更上一层楼，祝福北师大百年的体育学科明天更加辉煌，永远都辉煌。

2016年3月从体育与运动学院院长岗位退休时在全院教师会上的发言

女排狂欢、国球之争、举国体制、郎平使命

一、女排狂欢

里约奥运会结束了，荡漾着拉丁热血的巴西人像跳桑巴舞那样浪漫地举办了一届"非凡的"奥运会。即便是那些豆腐渣式的奥运村、胆大包天的街贼、惊悚的地铁枪声都没有坏了我们的好心情，这个暑假，我们天天感受着奥运、感受着惊异、感受着顿悟、感受着思想、感受着别人、感受着自我、感受着羡慕、感受着自豪、感受着振奋、感受着力量，但是，最让全体中国人感动的还是女排的胜利，记得当惠若琪将最后一个球扣在对方场地的时候，我们全家，包括已经怀孕八个月的女儿一起从沙发跳起，我们像儿童一样在屋里乱喊乱叫，这时，我们才知道一个排球的胜利能让我们如此失去矜持，能让我们如此暴露真正的自我，能让我们如此不害羞地癫狂。感谢郎导，感谢女排的各位姑娘，感谢你们给我们这样的感动。

这个感动来自哪里？当然来自你们的拼搏和汗水、来自郎导的传奇与奉献，更来自中国的百年屈辱的记忆，来自当代中国人振兴中华的梦想。我还觉得这巨大感动来自女排此次像交响乐一样的比赛征程，女排先赢、后输、再赢、最后胜利，跌宕起伏，我们也经历了喜悦、兴奋、期待、沮丧、紧张、心悸、惊喜、狂欢的心理路程，我们不禁私下有些怀疑女排那几场失利是否是郎导的刻意之作，我们也埋怨郎导和女排姑娘们竟如此不顾惜全国人民们的"小心脏"，更感谢你们用这个神来之笔的女排胜利交响曲，让全国人民欢喜得如醉如痴。

二、国球之争

女排胜利前，中国所有的大球项目已经集体败退，很多人开始了"国球之争"的议论，女排胜利后，国球之争变得更加热烈和深邃。什么是国球？国人连想都不想就会说"乒乓球"，但很多很多人质疑：一个在所有球类项目唯一用拟声词"乒乒乓乓"来命名的项目，一个英语叫做"在桌子上打的网球"的项目真的应该是有 13 亿人民大国的"国球"吗？本人无意在此去议论这个有些敏感的问题，但我们却可以看看那些大大小小的强国的"国球"是什么，看看哪些场面像是一个迈向世界之巅的大国的国球，看看哪个领奖的场面更像是国球场面。国球的讨论还将继续，国球的凝练还在前行，但今天，我们要再次感谢郎导和女排姑娘们给我们带来一个更像是国家脸面的胜利，更像是一个大国和强国式的胜利。

三、"举国体制"

奥运刚进行到一半时，就读到了新华社批评"举国体制"的文章，文章虽笔锋犀利，观点尖锐，但也不失中肯。中国如此发展中大国，任何事情要快办、办好当然要借"举国体制"之力，"举国体制"没有错，关键是何为举国体制，举国体制应如何与时俱进，应构建怎样的举国体制？以往的"举国体制"曾为新中国建立奇勋伟业，但走到今日也是弊病俱显，脱离了正规国民教育体系的国家竞技体育带着许多有体育天分的青少年脱离了全面发展，带着中国竞技体育界滑向了锦标主义和由此产生的系列腐败，金牌至上"一叶障目"，让社会体育和学校体育成为体育发展的"看客"，也间接地助力了中国青少年体质连续下滑30多年。因此，中国必须有"新的举国体制"！这个"新的举国体制"就是"让竞技体育回到国民教育体系，让运动员回到全面发展，让体育竞赛回到学校和市场，让体育的经费回到公众的监督、让运动训练回到课余与集约、让体育人才的选拔回到公平和公正"，当前校园足球的蓬勃开展已让新的举国体制初见端倪，相信在群众体育和大众体育中有着深厚群众基础的排球，在中国女排胜利的鼓舞下会催化出校园排球之花，催化出大众排球之花，同时催化体育改革的不断深化，最终让"新的举国体制"的曙光洒满中国大地。

四、郎平使命

都说，有一种精神叫女排，有一种奇迹叫郎平，我却想说：有一种使命也叫郎平。"郎平体育文化与政策研究中心"植根于北京师范大学这片学术沃土，营养于郎平自身丰富的体育实践和文化理解中，成长于"举国体制"深化改革的春天里，耕耘在"少年强则国强"的阳光体育中，也必将收获在中国青少年健康成长的国家梦想中。我们相信，郎平会带领着这个中心，为中国的体育文化与政策研究事业做出贡献，会对中国青少年的阳光体育运动的发展做出独特的贡献，会对北师大体育学科发展的内涵和外延做出广阔的拓展，也会为北师大向世界一流大学进军的步伐增添力量、速度和耐力。相信郎平老师，这位中国体育的旗帜性人物，一定会像中国女排一样，在新的体育文化研究领域中拼搏、创新、取得振奋人心的优良成绩！而且我们还期待郎导能在北师大带出一支女排，带着全国去探索新的举国体制的模式，古老的北师大有着体育的无比辉煌，今天的北师大已经创造了"邵婷现象"，我想，将来还应有"郎平现象""北师大现象",期待郎平老师在北师大人才培养、科学研究和社会服务工作中的那个华丽的亮相与转身。

几个月前,我曾在这里预祝郎导带领中国女排在 2016 年的巴西,勇夺奥运冠军,拿一块北师大老师执教的奥运金牌!今天我在这里再次预祝在将来郎平老师能带领北师大女排也在奥运会上拿一块咱中国大学生的奥运金牌。这,是我们的期待、人民的期待,可能也是郎平的使命。

2016 年 9 月 10 日在北师大校庆时举办的"女排精神论坛"上的讲话